EL LUGAR TRANQUILO

Un diario de oración y un recorrido por Tierra Santa

Autora y Fotógrafa
Jenny Hale Woldt

Traducción proporcionada por
David Porreca

Trilogy Christian Publishers
Tustin, CA

Foto de portada: Una puerta dentro de los muros de la antigua Jerusalén a lo largo del camino de la Vía Dolorosa. Este es el recorrido que hizo Jesús camino a su crucifixión.

Trilogy Christian Publishers,
filial de propiedad absoluta de Trinity Broadcasting Network
2442 Michelle Drive
Tustin, CA 92780

El lugar tranquilo: Un diario de oración y un recorrido por Tierra Santa

Copyright © 2023 de Jenny Hale Woldt

Las citas bíblicas marcadas como csb se toman de la Christian Standard Bible®, Copyright © 2017 de Holman Bible Publishers. Usadas con permiso. Christian Standard Bible y CSB® son marcas registradas a nivel federal de Holman Bible Publishers.

Las citas bíblicas marcadas como niv se toman de THE HOLY BIBLE, NEW INTERNATIONAL VERSION®, NIV® Copyright © 1973, 1978, 1984, 2011 de Biblica, Inc.™. Usadas con permiso. Todos los derechos reservados en todo el mundo.

Las citas bíblicas marcadas como NKJV se toman de la New King James Version®. Copyright © 1982 de Thomas Nelson, Inc. Usadas con permiso. Todos los derechos reservados.

Las citas bíblicas marcadas como esv se toman de The Holy Bible, English Standard Version® (ESV®), Copyright © 2001 de Crossway, un ministerio de publicaciones de Good News Publishers.

Usadas con permiso. Todos los derechos reservados. Las citas bíblicas marcadas como KJV se toman de la King James Version (Versión del Rey Jacobo) de la Biblia. Dominio público.

Ninguna parte de este libro se podrá reproducir, almacenar en un sistema de recuperación ni transmitir por ningún medio sin el permiso por escrito de la autora.

Todos los derechos reservados. Impreso en los EE. UU.

Departamento de Derechos, 2442 Michelle Drive Tustin, CA 92780.

Trilogy Christian Publishing/TBN y el colofón son marcas registradas de Trinity Broadcasting Network.

Para obtener información sobre descuentos especiales por compras al por mayor, comuníquese con Trilogy Christian Publishing.

Fotografía de Jenny Hale Woldt

Elaborado en los Estados Unidos de América

Descargo de responsabilidad de Trilogy: El contenido y los puntos de vista expresados en este libro pertenecen al autor y pueden no reflejar necesariamente los puntos de vista y la doctrina de Trilogy Christian Publishing o Trinity Broadcasting Network.

10 9 8 7 6 5 4 3 2 1

Están disponibles los datos de catalogación en publicación de la Biblioteca del Congreso.

ISBN: 979-8-89041-258-4

ISBN: 979-8-89041-259-1 (ebook)

Testimonios

Tuve el placer de leer este diario antes de su publicación y estuve allí cuando se tomaron las fotografías. Jenny ha hecho un trabajo increíble al mostrar cómo son realmente los lugares a través de su fotografía. El diario en sí es un recurso maravilloso para alimentar y mantener su relación con nuestro Creador. Es un devocionario imprescindible para todos. Lo leí todo de corrido la primera vez y ahora lo uso siempre.
Craig Woldt
Esposo, padre, CIO, presidente corporativo

Jenny hace un trabajo fantástico al resaltar la maravilla de Tierra Santa y su rica historia a través de sus fotografías y el milagroso amor de Dios por nosotros por medio de sus palabras y la integración de las Escrituras. La autora es sincera y vulnerable cuando comparte su historia y reflexiona sobre las formas en las que Dios entró en su vida, y así le rinde honor por usar con lealtad cada circunstancia para el bien supremo. Dios realmente nos da más de lo que podríamos imaginar o esperar cuando le entregamos las riendas por completo. Usen este diario de oración para acercarse más a Él, quien nos creó con un propósito y nos ama indefectible e incondicionalmente. Elijan un lugar tranquilo, siéntense allí con este libro y abran su corazón a Dios. Permítanle que llene su alma para que puedan derramar ese amor por los demás. Registren en el diario todas las formas en las que ven a Dios entrar en su vida y conozcan su fidelidad. ¡Se alegrarán de haberlo hecho! ¡Este libro es el regalo perfecto para ayudarles a estar en comunión con Dios y compartirlo con los demás!
Tracy Iglesias, MSN, CCRN, CFRN
Enfermera de vuelo, profesora universitaria, esposa, madre y (lo más importante) sierva del Altísimo

Esto es mucho más que un diario de oración. La autora nos lleva por un viaje emotivo y conmovedor. Utiliza anécdotas personales eficaces para explicar y demostrar la importancia de la oración y la cercanía con Dios. Este libro es una excelente hoja de ruta que les ayudará con sus propias prácticas de oración, así se estén recién adentrando o lleven años haciéndolo.
Jessie Moser, doctora en farmacia
COO, seguidora de Cristo

Este diario de oración es perfecto tanto para los nuevos creyentes como para los seguidores de Cristo de toda la vida. Me encanta cómo los registros se basan por completo en las Escrituras y nos guían para explorar más nuestra relación con Dios de una manera abierta y simple. Me encanta el diseño mensual: permite que el diario de oración se destaque. Las fotografías de Tierra Santa agregan aún más profundidad a medida que las historias de la Biblia cobran vida.

Juliana Hale
Hija de Dios, madre de un perro y un gato, cantante y compositora

❖ ❖ ❖

Una poderosa combinación entre conciencia personal y espiritual. La autora demuestra de manera activa los mensajes que se transmiten a lo largo del texto. Una experiencia verdaderamente edificante, inspiradora y positiva que muestra que el cristianismo se trata de conexiones amorosas con el Padre celestial y su creación.

Jared Moser, LCSW
Cristiano y trabajador social clínico

❖ ❖ ❖

Como cristiana, madre, hija, esposa y amiga, Jenny compartió una historia personal que conmovió mi alma en lo más profundo. Las imágenes son asombrosas y, tomadas junto con las Escrituras, te hacen sentir como si estuvieras allí. Uso el diario todos los días para dar gracias a Dios siempre por cada cosa en mi vida. Me encantan los temas mensuales como guía y enfoque. No solo deben comprar el libro para ustedes, sino también para sus seres queridos. Gracias, Jenny, por orquestar tu historia personal, tu bella fotografía y las Escrituras en estas páginas. A medida que lo lees, se siente como estar en compañía de un amigo escribiendo y conectándote. Gracias por crear una forma inspiradora de estar en contacto con Dios, las Escrituras y nosotros mismos en el ajetreado mundo en el que vivimos.

Cynthia Scott
Cristiana, emprendedora, mamá, esposa y amiga

❖ ❖ ❖

Dios trajo a Jenny a este mundo para convertirlo en un lugar mejor y más resplandeciente con toda su bondad y generosidad. Está muy cerca de Dios y, en lo personal, creo que esa es la clave de su éxito. No solo es una buena madre, sino que también es una gran esposa y la mejor amiga posible de todos los que ama. Les pido que lean este libro con el corazón.

Dra. Nazanin Kazeminy
Farmacéutica

Testimonios

Humilde, apasionado y real. Las anécdotas de Jenny me hicieron sonreír y llorar al mismo tiempo mientras me relacionaba con ella como hija, esposa, madre y mujer independiente. Este diario personal sirve como un recordatorio de que la vida da giros inesperados. Cada tema mensual es un hermoso recordatorio del amor de Dios y escribir en un diario puede ser justo el momento que cada uno de nosotros necesita para reflexionar en silencio. Fue maravillosamente creado y una bendición para aquellos que ahora lo tienen en sus manos.

Kristi Hernandez
Esposa, Madre, Abuela y Maestra

❖ ❖ ❖

Esto es todo lo que tengo para decir: ¡*grandioso!* Qué hermoso testimonio de un camino de fe. La historia de Jenny realmente me inspiró y, después de leer este libro, siento mucho más la presencia de Dios en mi vida. Gracias por la vulnerabilidad y la inspiración al abrir tu corazón y compartir tu historia.

Rosalie Ornelas-Erlandson
Ejecutiva sénior de marketing

❖ ❖ ❖

La vida es caótica y por momentos puede ser difícil. Todos deseamos navegarla de forma apacible, pero, desafortunadamente, siempre hay grandes oleajes y tormentas. La vida nos golpea de frente y buscamos con desesperación héroes que nos salven de los fracasos, las dificultades, las pérdidas, los rechazos y la confusión.

Lo que el mundo busca desesperadamente son héroes. Hombres y mujeres que señalen el camino hacia la cordura, hacia una forma de vida que se mantenga a flote durante las tormentas.

Hemos visto a estos héroes en el pasado. La Biblia cuenta la historia de algunos de ellos. Estaban los apóstoles de Jesús, los Doce, incluido Pablo, pero no Judas, que se enfrentaron a un mundo hostil, confuso y revuelto, pero que, con valentía, pregonaron la verdad de Jesús.

Pero ¿dónde están ahora estos héroes cuando los necesitamos? ¿A quién utiliza Dios para escribir palabras de sabiduría y fe? Están en todos lados, dispersos por el mundo, pero hay que buscarlos. Jenny Hale Woldt es una de estas heroínas modernas.

La mayoría se convierte en héroe debido a circunstancias que escapan a su control y porque la necesidad lo exige. Ese es el caso de Jenny. La necesidad clama por palabras de cordura, fe y sabiduría.

En sus manos tienen un libro escrito para trazar un camino por el cual navegar en un mundo que busca desesperadamente la verdad y la sabiduría. Con gracia y humildad, Jenny comparte sus momentos más íntimos y trascendentales, y explica qué la llevó a atravesarlos. Cuenta que cada evento es una oportunidad para demostrar que Jesucristo es más precioso y real que nuestra salud, nuestra riqueza y nuestra reputación.

En *El lugar tranquilo*, Jenny presenta su recorrido, pero también sus pruebas y los triunfos de Dios. Vemos su vida como niña, hija, profesional, esposa y madre, y cómo, a través de la plegaria y la fe, Dios intervino en cada aspecto de su ser. Expone un modelo para vivir una vida de oración y fe.

Cada camino de fe es único. Es una senda hermosa y, por momentos, aterradora, con muchos giros y vueltas. Jenny comparte las Escrituras y su propio recorrido de vida para iluminar el camino y acercar al lector a las palabras de bondad y sabiduría de Dios. Escribe sobre su propio recorrido de desafíos, fe audaz y percepción bíblica para presentar una esperanza extraordinaria para que otros la sigan.

A través de la lectura diaria de la Biblia y las preguntas de exploración, presenta una estructura de las mejores prácticas para el camino de la fe. La fe se fortalecerá y la alegría crecerá a medida que recorran la senda que ella puso delante de ustedes.

Por increíble que parezca, mientras los lleva por este camino de vida de fe y oración, también les ofrece un viaje a través de la Tierra Santa de Israel con imponentes fotografías captadas por su ojo talentoso.

Este es un libro para leer, pero también para saborear, disfrutar y compartir con familiares y amigos. El libro enriquecerá su propio recorrido y, al final, se sentirán animados a registrarlo en toda su textura y sus aspectos destacados. Disfruten del viaje.

George C. Hale
Seguidor de Cristo, CEO, pastor, emprendedor, autor de Created for a Purpose, Antichrist, entre otros

Olivo en el huerto de Getsemaní.
Jesús encontró un lugar tranquilo, lejos de sus discípulos para orar la noche de su arresto. Finalmente, rezó: "Hágase tu voluntad" (ver Marcos 14:36), aunque su deseo más profundo era no sufrir lo que sabía que vendría. Entreguémonos a nuestras oraciones como lo hizo Jesús. Imaginemos que Él no hubiera dado su vida por nosotros. La voluntad de Dios siempre es perfecta, aunque no sea fácil.

Esta es la confianza que tenemos al acercarnos a Dios:
que, si pedimos conforme a su voluntad, él nos oye.
—1 Juan 5:14, NVI

Dedicatoria

A mis preciosos regalos de Dios: mi amado, generoso y fuerte esposo, Craig, y mis talentosos, inteligentes y hermosos hijos, David, Jessie, Juliana y Macey, y mis amables yernos, Jared y Nate sin los cuales mi vida no estaría completa. Me siento bendecida por cada momento que pasé con ustedes.

Hicieron que mi vida sea una aventura divertida, repleta de amor, alegría y recuerdos increíbles. Doy gracias a Dios todos los días por cada uno de ustedes. Son mi inspiración para compartir estos pensamientos y esperanzas, que todos se acerquen más a Jesucristo y pasen la vida eterna con Él.

Jesús los ama incluso más que yo, y eso es decir mucho.

- *Jenny / mamá*

Pero los que esperan a Jehová tendrán nuevas fuerzas;
levantarán alas como las águilas; correrán, y no se cansarán;
caminarán, y no se fatigarán.
—Isaías 40:31 RVR

14

Índice

Bienvenida 17
Objetivo 19
Introducción 21
La oración funciona 29
Motivación 35
Cómo orar 37
Diario 39
    Enero: El camino de Dios 41
    Febrero: Evangelio 53
    Marzo: Amor 65
    Abril: Fortaleza 77
    Mayo: Paz 89
    Junio: Yo soy 101
    Julio: Creador 113
    Agosto: Alegría 125
    Septiembre: Sueños 137
    Octubre: Estaciones 151
    Noviembre: Milagros 163
    Diciembre: Perdón 175
Lucha espiritual 187
Notas 192

Pidan, y se les dará; busquen, y encontrarán; llamen, y se les abrirá.
—**Mateo 7:7 NIV**

Bienvenido

Acurrúcate en ese lugar acogedor favorito, toma una bebida deliciosa, un bolígrafo y la Biblia, y abre tu corazón y tu ser a Dios. Él está esperando para escucharte, ser tu Padre celestial y tu amigo. El tiempo que pases con Él renovará tu espíritu y te dará fortaleza.

Armé este diario como un recordatorio, para mis seres queridos y para aquellos que aún no conozco, de que Dios quiere saber de nosotros todo el tiempo. Él quiere tener una relación contigo y ser parte de cada momento; solo entonces podrás encontrar verdadera paz y alegría. Este diario también es un legado, una transmisión de conocimientos adquiridos de años de vivir en esta tierra con Dios a mi lado. Es una oportunidad para compartir el Evangelio con alguien por primera vez y una forma de comunicar algo que, quizás, tendría que haber compartido con mis hijos en un momento perdido mientras crecían. Tengo la esperanza de que este diario te inspire a acercarte al Redentor, dejar tus problemas en la cruz y alabar a Dios por las oraciones respondidas. Dios te ama y quiere ser tu amigo y tu Padre.

Encuentra el tiempo cada día para ir a tu lugar tranquilo y orar en secreto a tu Padre celestial.

He cubierto estas páginas con fotos que tomé en Tierra Santa. Acompáñame mientras cultivamos la oración y meditamos en los lugares que Jesús, Moisés, Elías, David, Salomón, Rut, María, José, los discípulos y muchos otros innumerables fieles recorrieron antes que nosotros.

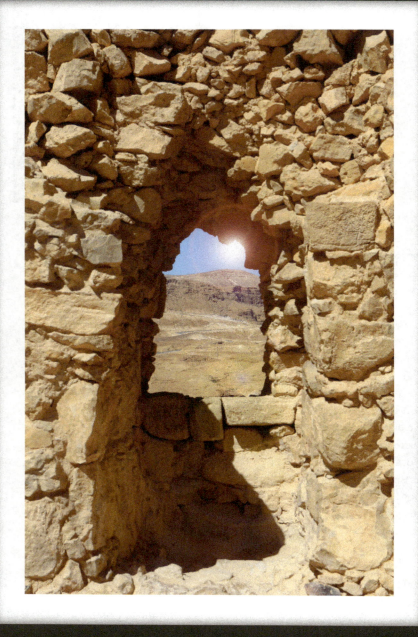

¡Que el Señor te bendiga, y te cuide!
¡Que el Señor haga resplandecer su rostro sobre ti, y tenga de ti misericordia!
¡Que el Señor alce su rostro sobre ti, y ponga en ti paz!
—Números 6:24–26 RVC

Yo tomando fotos en Masada al borde del Mar Muerto.
El rey Herodes el Grande era conocido en toda la región como un constructor prolífico. En un recorrido por Tierra Santa, encontrarás muchas de sus obras ingeniosas y bien diseñadas. Fue un hombre despiadado, pero nos dejó grandes descubrimientos arqueológicos.

Autor de la foto: Craig Woldt

Objetivo

Este diario se titula El lugar tranquilo porque Dios nos llama en Mateo a ir a un lugar solitario para encontrar tiempo para hablar con Él. Él sabe que tenemos una vida ajetreada repleta de personas y distracciones, así que, cuando hablas con Dios para comenzar o terminar tu día, Él quiere que estés en un lugar donde puedas concentrarte en escucharlo, un sitio para estar tranquilo. Este lugar no tiene que ser necesariamente una habitación. Jesús oró en el huerto de Getsemaní al pie del Monte de los Olivos en Jerusalén. Tu lugar tranquilo simplemente debe ser un lugar donde puedas centrar tus pensamientos en Dios.

Pasar conscientemente tiempo a solas con Dios todos los días le permitirá derramar su sabiduría en ti y compartir su camino para tu vida. Comenzar el día de esta manera te dará orientación y te brindará las herramientas necesarias para enfrentar cualquier cosa que se te presente, ya que, literalmente, estarás poniendo a Dios primero. Tomarse el tiempo para ir a un lugar tranquilo también le demuestra tu dedicación y amor al honrarlo.

Cuando pongo a Dios primero, siempre me siento más productiva y me da más paz durante el día. Las cosas tienden a sentirse un poco menos abrumadoras, y la ansiedad disminuye si comencé el día enfocada en Él.

Dios también quiere saber de ti en el caos. Puedes hablar con Él las veinticuatro horas del día, los siete días de la semana. Estamos llamados a rezar sin cesar. Él sabe que no siempre es posible encontrar un lugar tranquilo, pero debes buscarlo siempre que puedas. Dios no necesita que elimines todas las distracciones para escucharte, pero tú sí, para concentrarte, recargarte y sintonizar con Él y sus deseos para tu vida.

Tu cuello es como la torre de David, construida con hileras de piedra;
sobre ella cuelgan mil escudos, todos ellos escudos de guerreros.
—Cantar de los Cantares 4:4 NVI

Torre de David en Jerusalén
La Torre de David, acechante sobre los muros de la Ciudad Vieja, ha estado en pie por más de 2,500 años.

Introducción

Estoy muy feliz de compartir mi camino de vida contigo y, a través de él, espero que te animes y te acerques más al Señor Jesucristo mediante la oración. Mi historia rebosa de la asombrosa gracia de Dios, el poder de la oración y la bendición de los milagros, grandes y pequeños.

Nací en San Diego, California, y soy hija de George y Suzanne Hale. Se necesitarían varios libros más para contar lo bendecida que fui al comenzar mi vida en un hogar cristiano y amoroso con padres que hicieron y hacen todo lo posible para seguir el camino de Dios en todos los aspectos de su vida. Desde ir a misiones en el extranjero y llevarnos a mi hermano y a mí a Costa Rica y Perú hasta guiar iglesias para que sean administradoras prudentes del dinero de Dios, mis padres dedicaron su vida a la voluntad de Dios. Me dieron una base sólida en el amor de Jesús por mí y un maravilloso espíritu de aventura y confianza en Dios para guiar mi camino.

Creo que, cuando empiezas la vida yendo de un país a otro, el espíritu de la pasión por viajar se establece y se vuelve una fuerza constante. De ahí mi deseo de recorrer las calles que caminó Jesús y ver los lugares donde enseñó, bautizó, rezó, dio su vida y resucitó para que, algún día, pudiéramos vivir eternamente con Él.

Después de muchas mudanzas y de vivir en el extranjero, mi familia se estableció una vez más en el sur de California. Fui a la Universidad Estatal de California en Fullerton y me gradué en comunicaciones con un enfoque en publicidad en 1989. Tenía pasión por la fotografía y el diseño gráfico, y deseaba poder tener, algún día, una agencia de publicidad. Trabajé en la primera agencia durante mi segundo año. Mi mentora y jefa era una mujer maravillosa que demostró una gran paciencia y bondad mientras yo aprendía. Me enseñó mucho sobre lo que hace un gran diseño y el amor por la tipografía. Tuve la inmensa alegría de guiarla para que crea en Jesucristo. Saber que era creyente me dio una gran paz cuando falleció tras una larga batalla contra el cáncer a una edad muy temprana. Después de su muerte y el inevitable cierre del negocio, pude encontrar otro gran trabajo en una revista y comencé a ascender en la escala de la gestión empresarial. Me centré mucho en mi carrera.

Soy un tipo de persona orientada a los objetivos, que sigue el plan trazado, así que, una vez que obtuve mi diploma y conseguí un buen trabajo, el siguiente paso lógico para mí era casarme. Me casé apenas terminé la universidad. Literalmente asistí a mi última clase y, cuatro días después, me casé. Probablemente, el matrimonio sea una de esas cosas que no tendría que haber tratado como un casillero que tildar en una lista, pero ese es el camino que tomé. El siguiente paso, por supuesto, era tener hijos. En ese momento de mi vida, parecía lógico que tendría hijos y continuaría con mi carrera también. Pero Dios, en su infinita sabiduría, tenía un plan diferente para mí.

Hasta ese entonces, mi vida había sido bastante idílica. Había tenido padres estupendos y algunas aventuras increíbles al crecer en tantos lugares, como el sur de California, Texas, Georgia, Costa Rica y Perú. Me había graduado de la escuela secundaria con el mejor promedio y había ido a una universidad excelente. La vida tuvo sus desafíos, pero, en su mayoría, alcancé todas las metas que me había propuesto. Y entonces, cuando decidí tener hijos, las cosas se complicaron.

Siempre había tenido el deseo profundo de adoptar. Quería marcar la diferencia en la vida de una persona, que se sintiera amada, alentada y segura. Como quería adoptar un niño mayor, sentí que sería mejor adoptar primero y darle atención personalizada a ese niño y después intentar tener un hijo biológico. Empecé este proceso a ciegas, sin idea de cuánto tiempo tardaría o lo difícil que sería. Implicó sortear obstáculos, lidiar con la burocracia, cientos de formularios, verificaciones de antecedentes, evaluaciones invasivas del hogar, y mucha prisa y espera. Después de alrededor de un año, sin un final a la vista y ningún niño en el horizonte, me desanimé y decidí intentar quedar embarazada.

No tuve problemas con esto, pero lo que sí iba a ser un desafío era permanecer embarazada. Mi primer embarazo duró dieciséis semanas. Estaba tan ilusionada. Todos a mi alrededor estaban emocionados. Iba a ser el primer nieto de mi mamá y mi papá. Acabábamos de colocar la adorable cuna nueva cuando supe que algo terrible estaba pasando. Mi bebé había fallecido.

Esta no era la manera en la que se tenían que dar las cosas. Estaba devastada. Tener un aborto espontáneo es una tremenda pérdida, sobre todo con un embarazo tan avanzado. A mi alrededor, siempre había mujeres que también estaban embarazadas, y nos habíamos entusiasmado con la idea de criar a nuestros hijos juntos. Seguía estando feliz por ellas, pero era difícil. Recé mucho pidiendo sanación, preguntándole a Dios "por qué yo" y rezando para que cuidara de mi niña hasta el día en el que me reuniera con ella en el cielo. Esperé los tres meses aconsejados después de perder a mi hija y ya estaba lista para volver a intentarlo. El siguiente embarazo duró solo doce semanas.

Después del segundo aborto espontáneo y al no haber avances con la adopción, me angustié mucho. Pensé que tal vez Dios no quería que fuera mamá, que quizás no quería que tuviera hijos. Este pensamiento me rompió el corazón y comencé a rezar para obtener respuestas. Finalmente, me diagnosticaron lupus. Mi cuerpo estaba atacando a los fetos y los destruía. Esto me hizo sentir aún peor. Mi propio cuerpo estaba lastimando y matando a mis hijos. Por fortuna, un farmacéutico creó un medicamento que me iba a permitir llevar un embarazo a término. Solo funcionaría si lo comenzaba a tomar inmediatamente después de la concepción. No lo podía tomar antes y, si empezaba demasiado tarde, tampoco iba a dar resultado. Gracias a este gran medicamento, junto con una aspirina diaria, pude llevar a término mi siguiente embarazo.

En simultáneo con esta situación dramática, continuamos con el proceso de adopción. Ya habían pasado dos años desde que habíamos comenzado este recorrido. Recé para que, si la adopción era la voluntad de Dios, permitiera que suceda antes de llegar a las dieciséis semanas de gestación; de lo contrario, me parecía que tener dos hijos tan cerca sería difícil y sentí que, para ser justa con el niño adoptado, debería esperar.

Dios debe tener sentido del humor, porque exactamente el día que cumplí dieciséis semanas de embarazo, recibimos la llamada de que había un niño para nosotros. La espera de la adopción había terminado, e íbamos a ser los flamantes padres de un precioso niño de tres años y medio. Así que, estaba embarazada de cuatro meses de mi primer bebé y me había convertido en la madre instantánea de un niño de tres años. La aventura había comenzado.

Me tomé seis semanas de licencia en el trabajo para ocuparme de mi nuevo hijo, David. Fue un tiempo de aprendizaje para los dos. Había vivido en doce hogares de acogida diferentes antes de llegar a nuestra vida y estaba acostumbrado a cuidar de sí mismo. Todos tuvimos que adaptarnos y modificar las diferentes maneras de hacer las cosas. Desearía poder decir que hice siempre un trabajo increíble, pero estaría mintiendo. Hubo momentos en los que no me sentí capacitada para ser madre, y ninguna cantidad de clases de crianza hubiera sido suficiente para prepararme para ese viaje. Pero ambos sobrevivimos y, finalmente, salimos adelante. Al crecer, mi David se convirtió en una persona muy amorosa y creativa. Se graduó con las mejores calificaciones de su clase en la escuela secundaria, asistió a la Universidad de California en Santa Bárbara y él mismo se convirtió en un viajero del mundo. Habla una docena de idiomas, es una esponja que absorbe conocimiento y un increíble violinista. Sus aventuras de vida han sido divertidas de ver, y su talento musical es un deleite.

Cinco meses después de adoptar a David, llegó Jessie a nuestro mundo. Esperar que su llegada al mundo fuera perfecta era demasiado. Jessie padeció sufrimiento fetal durante el parto y, después de veintiséis horas de trabajo de parto, nació por cesárea de emergencia. Tenía un 50% de probabilidades de sobrevivir y pasó la primera semana de su pequeña vida en la unidad de cuidados intensivos (ICU). Era tan frágil; ni siquiera podía tocarla. Constantemente clamaba a Dios de rodillas. Dios escuchó mis oraciones, y Jessie se fortaleció. Era, por lejos, la que más fuerte gritaba en la unidad neonatal. Nunca habrían imaginado el estrés que sufrió al nacer; se convirtió en una niña hermosa, inteligente y feliz que siempre fue mi mayor ayudante. Jessie, como su hermano, era una supergenio. Obtuvo su doctorado en tiempo récord y actualmente es farmacéutica. Siento mucho respeto por ella y todo lo que ha logrado en su vida a una edad tan temprana. Nunca supe que se podía admirar a un hijo como una inspiración en la vida, pero así es. Ella está dedicada a su trabajo y a sus seres queridos.

Fue el día del alta de Jessie del hospital, después de su experiencia cercana a la muerte durante el parto, que decidí que mi corazón ya no estaba interesado en escalar posiciones corporativas y tomé la decisión de no volver al trabajo. Sentí que el lugar más importante en el que podía estar era mi hogar, criando a David y a Jessie, y brindándoles todo el amor y el apoyo que se merecían. Quería honrar los dones que Dios me había dado y dedicarles mi tiempo. No fue una opción financiera fácil para nuestra familia, pero fue la mejor.

Tuve otros dos abortos espontáneos antes de ser bendecida una vez más con el nacimiento de mi Juliana, cuatro años después de que Jessie y David llegaran a mi vida. Durante el embarazo de Juliana, me obligaron a hacer reposo absoluto durante meses después de otro susto de aborto espontáneo durante el quinto mes de embarazo. Hacer reposo absoluto era un pedido casi imposible de cumplir cuando también tenía otros dos hijos que cuidar, pero Dios me dio el apoyo que necesitaba, y tenía dos hijos maravillosos que me ayudaron con las tareas de la casa.

Juliana llegó a nuestra vida con una sonrisa en el rostro y, desde entonces, no ha dejado de sonreír. Es mi sol. Al igual que su hermano y su hermana, era una estudiante estelar, pero su pasión por la música era mayor que su deseo de seguir estudiando y rechazó $600,000 en becas completas para seguir su pasión de ser cantante y compositora. Ser parte del camino de Juliana como música, cantante y compositora ha sido una gran aventura en mi vida, y nos mantiene jóvenes a mí y a su padrastro. También me mantiene en oración constante por su seguridad y éxito.

Ahora puedo reconocer que los desafíos que Dios me puso enfrente para tener a mis hijos eran para que realmente agradeciera su presencia en mi vida. A su vez, las circunstancias transformaron mis objetivos, de centrarse en mí a centrarse en ellos. También me volví increíblemente cercana a Dios y pasé mucho más tiempo en oración y en Su Palabra del que habría pasado si hubiera tenido un proceso de adopción y embarazos simples. Sin duda, jamás le desearía estos desafíos a nadie, pero es una bendición ver cómo Dios obró en mi vida para Su bien.

Tuve la dicha de ser ama de casa durante doce maravillosos años. Mis hijos eran mi mundo, mi razón de vivir, y esos primeros años fueron algunos de los mejores momentos de mi vida. Nos divertimos mucho juntos. Desde hacer fuertes con mantas, disfrutar días en el parque, aprender a nadar, hornear, criar pollitos y gatitos, viajar a las montañas y cruzar el charco para ir a Europa, teníamos una vida plena. No teníamos abundancia de dinero, pero sí abundaban el amor, las risas y el tiempo compartido.

Durante mi etapa de ama de casa, me levantaba temprano para tener mi momento de tranquilidad con una taza de café y mi Biblia, para hablar en privado con mi Dios. Comencé a adquirir el hábito de escribirles a mis hijos todas las mañanas en sus propios cuadernos especiales. Era una costumbre devocional diaria dedicada a ellos. Cada día contenía un verso y una nota mía en la que explicaba el verso, e incluía palabras de aliento. A veces abordaba un tema específico que sabía que enfrentarían ese día: un examen, una presentación en clase, el nerviosismo del primer día de clases o cosas felices, como un premio o una excursión. Solo les hacía saber que Jesús y yo los amábamos, y les recordaba que oraran. A menudo añadían a sus cuadernos sus propias notas, dibujos y pedidos de oración. Este proceso duró varios años, y los cuadernitos se acumularon en la cocina, repletos del amor de mamá y la sabiduría de Dios. Hoy creo que algunos de estos cuadernos todavía existen en cajas de recuerdos.

Desafortunadamente, los días en los que solo me centraba en los niños llegaron a su fin demasiado pronto, con el final de mi primer matrimonio, y me encontré comenzando mi propia agencia de publicidad. Esto nos permitió tener un techo donde cobijarnos y más adelante se convirtió en una increíble bendición de Dios para nuestra familia, pero consumió muchas horas, y el tiempo para escribir oraciones individuales diarias para mis hijos rápidamente se esfumó.
El inicio del negocio también llegó en un momento en que mis hijos eran mayores, y con cuatro años de diferencia entre ellos, todos estaban yendo en diferentes

direcciones en diferentes momentos. Nuestro pequeño nido ya no estaba tan ordenado. Todos volaban según sus propios planes.

Mirando hacia atrás, puedo ver que Dios me dio mi primer objetivo y respondió las oraciones de mi juventud de tener mi propia agencia de publicidad. Por supuesto, el plan de Dios era mucho mejor de lo que había imaginado en mi cabeza. Me dio una agencia que pude dirigir desde casa durante los primeros seis años y poder seguir estando allí cuando mis hijos me necesitaban. Ahora mi agencia tiene dieciséis años, está ubicada en un hermoso edificio, tiene diez empleados y una base de clientes nacional que incluye agencias gubernamentales, planes de salud y municipios. El plan de Dios era un camino notablemente superior.

Mis bebés hoy son adultos exitosos e increíbles, pero sé que la necesidad del contacto diario con Dios, sumado al amor y el aliento de mamá, todavía sigue presente. El mercado está repleto de excelentes libros y diarios devocionales, muchos de los cuales he comprado y regalado a mis hijos, pero este será especial: un regreso al comienzo de nuestros días juntos. Aunque mis hijos estarán en mi mente mientras escribo estas palabras y comparto estas Escrituras, espero que cada persona que lea estas páginas sienta el amor de una madre y el confort de una mesa de cocina, una taza de su bebida caliente favorita y la presencia de un Dios que quiere ser parte de su vida diaria. Para mí, ahí es donde todo comienza cada día.

Como probablemente ya se habrán dado cuenta, ser madre es más bien la esencia de quien soy.

Mucha gente me llama "mamá" o "mamá osa". Para mí, es el mayor cumplido que me podrían decir. Si los hice sentir tan cómodos y amados que sienten que pueden llamarme "mamá", entonces creo que he logrado lo que Dios me confió en vida. He tenido el privilegio de ser una madre de acogida que se convirtió en madre adoptiva, madre biológica, madrastra y futura suegra. Para mí, no importa la manera en que me convertí en su mamá, porque todos son mis bebés. Me siento bendecida de haber experimentado todos estos títulos de "mamá".
Supongo que se podría decir que mi instinto maternal y mi sentido del deber de "mamá" se potenciaron a una edad temprana. Cuando tenía unos ocho años, mi casa se incendió. Fue aterrador. Para mi yo de ocho años, la posesión más importante era mi muñeca, mi bebé Chrissie. Ella estaba dentro de la casa que ardía. Corrí hacia un bombero y le dije que mi bebé Chrissie estaba en la cuna de mi habitación y le pedí que la salvara, y él corrió a la casa y la recuperó. Yo estaba tan feliz.

Antes de entrar corriendo a la casa en llamas, no sé si el bombero sabía que mi bebé Chrissie era una muñeca, pero yo estaba muy agradecida por su ayuda. Ya de adulta, me siento terrible de solo pensar que podría haber puesto al hombre en peligro, pero de niña, lo veía como una situación de vida o muerte real, y el hecho de que era solo una muñeca no entraba en la ecuación. ¡Ella era mi bebé!

Aunque nunca he tenido que rescatar a ninguno de mis hijos de un edificio en llamas, alabado sea Dios, ha habido momentos en que, como todos nosotros, han sentido las llamas de los desafíos de la vida a sus pies, y saben que Dios está allí para correr y rescatarlos. En parte, creo que lo aprendieron porque compartí con ellos las Escrituras y las oraciones desde sus primeros días. También saben que tienen una madre que está allí para unirse en oración y ayudarlos a mantener las piezas unidas lo mejor que pueda.

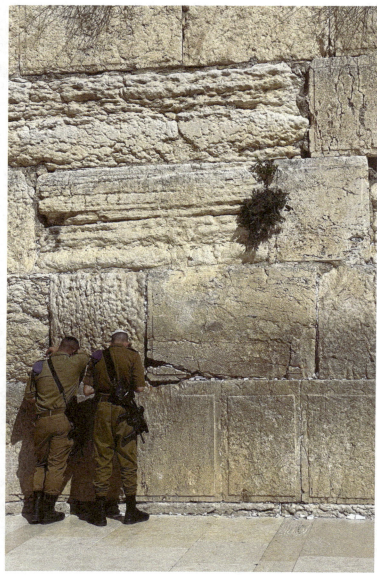

Autor de la foto: Craig Woldt

Soldados orando en el Muro Occidental (de los Lamentos)
Israel exige que todos sus jóvenes presten servicio militar. A los jóvenes se les enseña la historia de su país y por eso estaban haciendo giras por todo Jerusalén. Así adquieren respeto por el país y la historia, para que pueden lisestar llamados a defender. Verlos rezar con humildad en el Muro de las Lamentaciones fue un hermoso testimonio de su fe.

Yo invocaré a Dios, y el Señor me salvará. Tarde, mañana y mediodía oraré y clamaré, y él oirá mi voz.
—Salmo 55:16-17 RVA

La oración funciona

A menudo escucharán el dicho "la oración cambia las cosas". Si bien es cierto, lo que dice Oswald Chambers también lo es: "La oración me cambia, y luego yo cambio las cosas". La oración tiene que ver con la forma en la que vemos la vida y con permitir que Dios obre milagros y cambie nuestro corazón para así alinearnos más con Su voluntad para nuestra vida.

La oración puede ser un aspecto misterioso de la vida cristiana para un creyente nuevo. Existen algunas preguntas: ¿Dios realmente nos escucha en medio de todo el ruido?, ¿nuestras oraciones realmente influyen en nuestra vida?, ¿Dios quiere escuchar nuestros problemas? ¡La respuesta a todas estas preguntas es un "sí" rotundo! A medida que se acerquen a Dios a través de la oración, todas estas preguntas desaparecerán y sabrán sin duda que Dios sí escucha. Mi esposo dice que tengo "línea directa con Dios". Esto siempre me hace reír, pero es una prueba de que cuando estamos en constante comunicación con nuestro Creador, lo veremos obrar en nuestra vida, y los demás también lo verán.

La muerte y resurrección de Jesús originó el nexo de unión entre nuestro Creador y nosotros. Dios no puede tolerar nuestros pecados, así que, sin el perfecto sacrificio de Jesús por nuestros pecados, no podríamos comunicarnos con Él. Hebreos 4:15-16 se refiere a Jesús como nuestro Sumo Sacerdote: "Porque no tenemos un Sumo Sacerdote que no pueda compadecerse de nuestras debilidades, sino que fue tentado en todo según nuestra semejanza, pero sin pecado. Acerquémonos, pues, confiadamente al trono de la gracia, para alcanzar misericordia y encontrar gracia para el oportuno socorro." (RVC).

Porque Jesús nos amó primero y murió por nosotros, tenemos la asombrosa capacidad de orar, y de orar con denuedo, a nuestro Padre que está en los cielos.

A veces me resulta insondable que el Creador del universo, el Santísimo, quiera saber de mí y quiera que lo conozca, pero así es. Y así como llegamos a conocer a otras personas por el tiempo que compartimos conversando y pasando el rato, así también funciona con Dios. Entablarán una relación con Él que se volverá tan natural como respirar.

Dios también nos manda orar. El Salmo 100:4 dice: " ¡Entren por sus puertas con acción de gracias, y por sus atrios con alabanza! Denle gracias; bendigan Su nombre". (ESV) Se nos ordena dar gracias a Dios y alabarle por lo que es y por todo lo que ha hecho por nosotros. A lo largo del Evangelio también se nos dan ejemplos de Jesús orando. A través de Su ejemplo sabemos lo importante que debe ser la oración en nuestras vidas. En 1 Tesalonicenses 5:17 Pablo nos dice que "oremos sin cesar".(RVR) En Filipenses 4:6 se nos recuerda: "Por nada estéis afanosos, sino sean conocidas vuestras peticiones delante de Dios en toda oración y ruego, con acción de gracias". (ESV) La oración es importante y necesaria.

La oración tendrá un impacto increíble en tu vida. Calmará tus miedos, proveerá de la gracia en momentos de presión y de una paz que sobrepasa todo entendimiento.

Un gran estímulo para los demás es compartir cómo Dios obra en nuestra vida y los milagros que presenciamos. Creo que nos ayuda a crecer en la fe, sabiendo que Dios interviene en nuestra vida y que todos podemos alabarlo cuando lo vemos obrando en nuestra vida y en la vida de quienes nos rodean. Con esta esperanza de animarlos, compartiré con ustedes un milagro de sanación que tuve la bendición de recibir.

En 2000, recibí un diagnóstico que muchas mujeres de todo el mundo han recibido: un crecimiento en la mama muy probablemente era cáncer. Era un bulto que crecía y aumentaba su tamaño con rapidez. Estaba creciendo más allá de la mama y debajo de la axila, y estaba causando un dolor considerable. En aquel entonces, mi obstetra y ginecóloga fue la doctora más cariñosa y amorosa que he conocido. Había estado ahí para sostenerme la mano durante cuatro abortos espontáneos, un diagnóstico de lupus y dos cesáreas, y cuando tuvo que decirme su pronóstico sobre el bulto, comenzó a llorar y abrazarme antes de que yo tuviera la oportunidad de procesar e incluso pensar en llorar. Me sentí tan bendecida de tener su hermosa y piadosa luz en mi vida durante un período muy difícil.

Salí de la cita aturdida. Los pensamientos se agolpaban. Para muchas mujeres, esto ha sido una sentencia de muerte, así que, por supuesto, mi mente también fue hacia allá. Comencé a orar mientras caminaba por el estacionamiento y esto es todo lo que podía repetir constantemente: "Por favor, Señor, no me alejes de mis bebés". Me había esforzado tanto y había pasado por tantas pruebas para traer a mis tres hijos al mundo que dejarlos sin madre ahora era un pensamiento que me estrujaba el alma.

Concertamos una cita para realizar más pruebas, y los días previos no pasaban más. Salía a correr por la mañana con mi fiel sabueso, Fletch, y clamaba a Jesús. No quería que mis hijos me vieran desmoronarme, así que aproveché este tiempo a solas en la carretera para desahogarme. Alabé a Dios por amarme a mí y a mis hijos. Le agradecí por estar conmigo y sostenerme en Sus manos mientras atravesaba esta prueba. Le recordé lo mucho que habíamos trabajado juntos para tener a mis dos hijas, incluso cuando descubrí que tenía lupus, razón por la que había estado sufriendo abortos espontáneos, y los dos largos años del proceso de adopción de mi hijo. Le agradecí por todas las personas que habían orado por mí para que quedara embarazada y experimentara estos preciosos dones que Él me había dado. Y compartí mis miedos: le conté lo inimaginablemente doloroso que era pensar en que me alejaran de ellos, sobre todo cuando uno de ellos tenía solo un año.

También le entregué mi cabello a Dios. Sé que probablemente suene extraño y tal vez ridículo, pero mi cabello siempre ha sido esa característica de mí misma que me gustaba: era largo, ondulado y rubio. Estaba apegada a mi cabello, en sentido literal y figurado. Pero le dije a Dios que, si me sacaba con vida de esta prueba para poder criar a mis hijos, no me quejaría ni lloraría por perder el cabello a causa de la quimioterapia.

La primera llamada telefónica que hice el día de mi diagnóstico inicial fue, por supuesto, a mi mamá y mi papá. Soy muy afortunada de haber sido criada en un hogar cristiano por grandes guerreros de la oración. Y si alguna vez necesité guerreros de la oración, fue por un momento como este. Mamá y yo lloramos y nos reímos, porque siempre tratamos de restar importancia a lo alocada que puede ser la vida. Mamá me recordó nuestras Escrituras favoritas, compartidas en los momentos de dificultad, como Romanos 8:28 "Y sabemos que en todas las cosas Dios obra para el bien de los que le aman, los que han sido llamados conforme a su propósito."(NVI)

Me esforcé por imaginar de qué posible manera Dios podría resolver esto para Su bien, y yo era escéptica, ¡pero contaba con que Él lo haría! Mi siguiente llamada fue a mi suegra. Era otra guerrera de la oración con la que sabía que podía contar. Entre estas dos mujeres piadosas, tuve una cadena de oración que recorrió el mundo en cuestión de horas. Por último, llamé a mi mejor amiga, y lloramos y oramos juntas.

El día de la cita llegó. Fui sola. Mi esposo por entonces no estaba muy involucrado ni en la vida de mis hijos ni en la mía. Yo había ido sola a dar a luz a mi primer hijo, fui sola a recoger a mi hijo el día que lo adoptamos y fui sola a averiguar la malignidad de este crecimiento en mi cuerpo. Pero sabía que realmente no estaba sola. El Creador de todo el universo estaba tomando mi mano y calmando mis miedos.

Entré al centro de cáncer de mama, completé la documentación y miré a mi alrededor. El lugar estaba hermosamente decorado. Alguien había hecho un gran esfuerzo por crear un ambiente apacible para lo que sin duda era un lugar muy estresante para muchas mujeres. Miré los rostros de las mujeres que compartían este lugar conmigo. Me preguntaba cuántas también compartían mis miedos y cuántas se enfrentaban a decisiones difíciles. Sonreí, y ellas me devolvieron la sonrisa, pero ninguna de las sonrisas llegó a sus ojos.

Finalmente me llamaron para que me pusiera la bata y luego me llevaron a la sala de mamografías. La jovencita más dulce se apresuraba a preparar todo. Me hizo bajarme la bata y me pidió que señalara el bulto. El bulto era tan grande que cualquiera podía verlo fácilmente, y ella dijo rápido: "No te preocupes, ay, cariño, lo veo", para luego mirarme con remordimiento. Colocó una pegatina en la zona y luego comenzó la mamografía.

Cuando terminamos, volví a mi pequeña habitación. La enfermera me dijo que, o bien alguien regresaría y me daría de alta después de revisar la mamografía, o si encontraban algo preocupante, un médico regresaría para hablar conmigo sobre mi diagnóstico y las opciones.

Por lo tanto, esperé y oré. A esas alturas, estaba feliz de estar a solas con Dios. Apenas podía mantener la calma y sabía que sentirme responsable de otro ser humano en ese momento no era algo que habría manejado bien. Soy el tipo de persona a la que le gusta hacer que todos a su alrededor se sientan a gusto. No me gusta ser una carga para los demás, y en ese momento eso era lo que sentía. Así que estar sola estaba bien.

El alma se me cayó a los pies cuando la médica entró en mi habitación. La enfermera había dicho que solo vería a un médico si había malas noticias. La médica era una mujer brusca. A diferencia de mi amorosa obstetra y ginecóloga, esta era una mujer sin cortesías ni rodeos. Estoy segura de que, con su trabajo, su personalidad era su mejor manera de manejar la tristeza diaria con la que debía lidiar. Me pidió que la siguiera a una sala de ecografías. Creo que todos a mi alrededor probablemente podían escuchar mi corazón acelerado, ¡me pareció que latía muy fuerte! Me acosté en la camilla, y luego me hizo la pregunta más extraña. Dijo: "Muéstrame dónde se supone que está este bulto". En mi cabeza, pensaba: Bien, señora, creo que podría verlo por sí misma, pero lo señalaré. Estiré mi mano y lo toqué. ¡Había desaparecido! Empecé a sentir todo mi lado izquierdo. De repente me di cuenta de que tampoco sentía dolor. Me senté y miré mi costado. Comencé a reírme y dije: "¡Desapareció! ¡He sido sanada!".

La médica me miró como si estuviera loca. Me dijo que me volviera a acostar y me hizo una ecografía de la zona. Dijo que tenía pechos perfectos. También dijo que mi médica debió haber diagnosticado mal lo que sintió porque ningún bulto había existido en esa mama, ya que no había cicatrices ni líquido que indicara que se había reventado un quiste. Probablemente dijo otras cosas, pero no la escuché. En mi cabeza, alababa a Dios y cantaba "Aleluya" a mi Salvador. Creo que, mientras salía de la sala de exámenes, escuché que no había necesidad de otra mamografía hasta que tuviera cincuenta años.

A pesar de lo agotador que había sido la entrada a ese edificio, la salida fue feliz. Difundí la noticia de mi sanación a mi equipo de apoyo y a los guerreros de la oración más rápido que un incendio forestal en California. Dios merecía toda la alabanza y la gloria. Y todavía la merece.

Dios honró mis oraciones y las oraciones de las personas que amo, incluidos mis preciosos hijos, y las oraciones de algunas personas que nunca conoceré, con el maravilloso don de la sanación. Dios nos mostró a todos que Él nos escucha y que, hoy en día, sigue obrando milagros. ¡Experimentamos Su gracia maravillosa! Recibí el don de poder criar a mis hijos y verlos lograr grandes cosas. Pude experimentar la calidez y el amor que cada uno de ellos me brinda a mí y a quienes los rodean.

A veces comparto esta historia, y las personas hacen una pregunta difícil de responder: "¿Por qué Dios te sanó a ti y no a mi amiga/hermana/madre/hija?". Esta es mi respuesta: "No lo sé". Lo que sí sé es lo que Dios dice en Mateo 18:20: "Porque donde dos o tres se reúnen en mi nombre, allí estoy yo en medio de ellos" (NIV). Había muchas personas temerosas de Dios que oraron por Su voluntad en mi vida y por sanación, y Dios respondió esas plegarias. Tenía fe en que, pasara lo que pasara, Dios lo usaría para bien, tal como lo declara Su promesa en Romanos 8:28. Confié en que Él sostendría mi mano, sin importar el camino que podamos recorrer.

¿Eso significa que si activan una cadena de oración mundial experimentarán el mismo milagro? No, pero significa que, si activan una cadena de oración, si entregan su vida a Cristo, si claman a Jesús para que los salve, Él los escuchará.

No los dejará caminar solos por el valle. El recorrido de cada persona es diferente, por supuesto. Las pruebas que Dios usa para acercarnos a Él son tan únicas como la vida de cada persona. Lo que puedo decirles, sin duda, es que Él los ama y estará allí, sosteniéndolos durante todo el recorrido.

También me han preguntado: "¿Qué pasa si tienes cáncer de mama ahora? ¿Significa que Dios se retractó de la promesa que te había hecho?". No pretendo conocer la voluntad de Dios. Aceptaría la bendición del milagro que recibí con la misma alegría y alabanza que los últimos veintidós años, y lo alabaría por contener la terrible enfermedad mientras mis hijos crecían. ¿Me arrodillaría en oración para que se haga su voluntad y vuelva a estar sana? ¡Por supuesto que sí! Mi Dios tiene todo el poder. Él no nos limita a un milagro en la vida, sino que los hace todo el tiempo. No creo que diría: "Jenny, ya te concedí ese milagro. No puedes obtener otro". En cambio, sí creo que diría: "Jenny, esta es mi voluntad y este es el camino que tomaremos, y yo estaré contigo".

Dios no solo me dio una segunda oportunidad con mi salud, sino que también me dio una segunda oportunidad en el amor con un esposo maravilloso y una hermosa hijastra. Tengo la suerte de estar casada, sin ninguna duda, con uno de los hombres más geniales del planeta. Él es mi superhéroe, mi roca, mi mejor amigo y mi aliado en los negocios, quien arregla lo que sea y está siempre listo para la próxima aventura. Hasta su nombre, Craig, significa "roca". Cuando lo conocí, vivía a dos mil millas de distancia y era un hombre de pocas palabras, así que conocerlo fue una aventura creativa. Durante tres años, tuvimos una relación a distancia, y yo rezaba constantemente para que Dios nos uniera.

Las circunstancias de la vida nos seguían impidiendo vivir en la misma zona, pero, a pesar de todo, teníamos un lema: "El amor encuentra la manera". Y, finalmente, así fue. Dios no solo respondió nuestras plegarias y nos unió para que viviéramos en la misma zona, sino que, además, nos bendijo con una nueva vía comercial con mi agencia de publicidad, lo que también nos permitió ser socios. Craig tiene una hija encantadora, trabajadora e inteligente llamada Macey. La he visto crecer y pasar de preadolescente a convertirse en una abogada que usa sus conocimientos y aptitudes para ayudar a las personas del sistema educativo. Nuestra pequeña familia fue doblemente bendecida cuando ambos se nos unieron.

Espero que mi historia les haya mostrado el poder de las plegarias y los anime a seguir su propia vida de oración. Si ustedes o un ser querido necesita oración o sanación, recurran a otros creyentes y pídanles que recen con ustedes. También pueden visitar mi sitio jennyhalewoldt.com y enviarme sus pedidos de oración. Sería un honor unirme a sus plegarias.

La paz os dejo; mi paz os doy.
No os la doy como el mundo la da.
No se turbe vuestro corazón,
ni tenga miedo.
—Juan 14:27 RVA

Un Ánimo

Hay dos afirmaciones en mi vida que son grandes motivaciones y recordatorios para mantener mis ojos puestos en Jesús: "Elige la alegría" y "El amor encuentra la manera". No importa lo difícil que sea el camino, podemos elegir ser alegres y positivos.

Elijan la alegría cuando salgan de casa por la mañana. El mundo va a intentar arrebatársela, pero sigan eligiéndola. Cuando sientan que no tienen fuerzas para continuar, ahí está Dios. Él no espera que hagan todo sin ayuda. Él nos recuerda en el Salmo 68:19 "Alabado sea el Señor, el Dios nuestro Salvador, que cada día lleva nuestras cargas". (RVA)

Cuando todo se complica o las personas se vuelven difíciles, mi esposo y yo, a menudo, nos recordamos elegir la alegría. Por lo general, nos hace reír y estar de acuerdo en que la situación requiere una cantidad adicional de alegría.

El amor encuentra la manera. A lo largo de las Escrituras, Dios nos llama a amar. Mantengan el amor en su corazón y en su mente, y Dios les mostrará la forma de lograr grandes cosas. También los ayudará a amar a quienes no lo merecen y les acercará personas maravillosas a quienes querer.

Al orar y pedirle a Dios la fuerza para continuar y para llenar el corazón de alegría y capacidad de amar a los demás como solo Él puede, el amor vencerá y la alegría será constante.

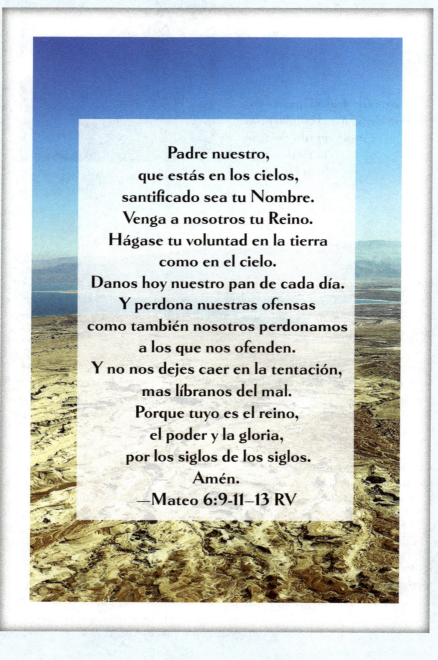

Basílica de la Agonía
Construida en 1924 en el Huerto de Getsemaní al pie del Monte Sión.

Cómo Orar

Jesús nos dio un ejemplo de cómo rezar en Mateo cuando sus discípulos le pidieron instrucciones. Si no están muy seguros de cómo hablar con Dios, usen Mateo 6:9–11 como guía. Este pasaje del Evangelio es por lo general conocido como el padrenuestro. Dios quiere ser su amigo y Padre, así que háblenle de la forma que los guíe su espíritu, y Él los escuchará.

 Ofrece alabanza a Dios por Su amor y por todo lo que ha hecho por ti.
"Santificado sea tu Nombre"

 Ruega a Dios que satisfaga tus peticiones y necesidades.
"Danos hoy nuestro pan de cada día"

 Arrepiéntete de tus pecados y perdona a los que te han hecho daño.
"Perdona nuestras ofensas, como también nosotros perdonamos a los que nos ofenden."

 Ríndete a la voluntad de Dios en tu vida y pide permanecer en Su camino.
"Hágase tu voluntad en la tierra. No nos dejes caer en la tentación."

Pero desde allí buscarás al Señor tu Dios, y lo encontrarás si lo buscas con todo tu corazón y con toda tu alma. —Deuteronomio 4:29 RVA

Diario

Tomen este diario como un mapa o una carta náutica para redirigirse cada uno a una poderosa vida de oración y relación con Dios. Así como la carta náutica es un mapa que representa la configuración de la costa y el lecho marino, indica las profundidades marinas y señala dónde es peligroso navegar, espero que este diario de oración les brinde un mapa para rezar, y les ayude a navegar mejor por los peligros de la vida y desarrollar una conexión más fuerte con la guía de Dios.

Para cada mes, hay una oportunidad de hacerle saber a Dios sus pedidos. El diario les proporcionará un registro de su recorrido y crecimiento espiritual a lo largo del año. A veces nos olvidamos de agradecer a Dios por las respuestas a nuestras plegarias. Escribirlas y revisarlas nos ayuda a recordar cómo nos ha bendecido, escuchado y obrado milagros en nuestra vida.

Al final de cada mes, hay un lugar para escribir los nombres de personas especiales en su vida que necesitan sus oraciones. A menudo decimos que rezaremos por la gente; esto nos ayudará a recordar nuestra promesa.

La tierra de Petra, cuyo nombre en hebreo es Sela.
Tanto "Petra" como "Sela" significan "roca". Es una ciudad tallada en las piedras y tiene una fortaleza natural que la rodea. Hoy en día, es una ciudad deshabitada, llena solo de turistas y guías turísticos, tal como los profetas dijeron que sería.

Sela estaba ubicada en la tierra de los edomitas. Los edomitas tenían una historia de oposición a los israelitas. Negaron el paso a Moisés y su pueblo en su viaje a Canaán. El rey Saúl y el rey David lucharon contra los edomitas y, cuando el rey Nabucodonosor de Babilonia estaba en guerra con Jerusalén en el 586 a. C., los edomitas ayudaron al enemigo. Por este motivo, los profetas los condenaron. En la actualidad, al estar deshabitada, Sela cumple las palabras de Jeremías 49:18: Como fueron destruidas Sodoma y Gomorra, junto con sus ciudades vecinas, dice el Señor, así nadie vivirá allí; ningún pueblo habitará en ella. NVI

Enero

El SEÑOR es mi roca, mi amparo, mi libertador; es mi Dios,
el peñasco en que me refugio. Es mi escudo, el poder que me salva,
¡mi más alto escondite!
—Salmo 18:2, NIV

El camino de Dios

Jeremías 29:11 es mi lugar de descanso. Me recuerda que hoy no es para siempre y que Dios tiene un plan y ve más allá de este momento para mí. Mi sufrimiento no es en vano, sino que servirá al propósito de Dios y saldré fortalecida del otro lado si lo amo y lo obedezco.

Se concedió esta esperanza a los israelitas durante un período particularmente difícil. El profeta Jeremías les dijo que su crecimiento espiritual y perseverancia que tanto les había costado conseguir en tiempos difíciles tenían una luz al final del túnel.

Nuestra esperanza es que, si ponemos la confianza en Jesucristo y seguimos su camino, podemos esperar un futuro glorioso que será en presencia de Dios en el cielo.

La senda de Él para nosotros, como lo fue para los israelitas, no se trata de eliminar por completo las pruebas que se nos presentan en el camino, sino de que Dios sea "nuestro copiloto" para darnos fuerza para perseverar, crecer y acercarnos más a Él.

Nos da la alegría que solo se encuentra al confiar en Él y nos hace prosperar de maneras que le dan honor y gloria.

Solo superamos estas pruebas y obstáculos con oración y reflexionando sobre su palabra.

**Porque yo sé muy bien los planes que tengo para ustedes
—afirma el Señor—, planes de bienestar y no de calami-
dad, a fin de darles un futuro y una esperanza.
—Jeremías 29:11 NVI**

Enero

Cuando miras hacia el año que comienza, ¿a qué desafíos te enfrentas?
¿Dónde ves oportunidades para aferrarte un poco más a Dios en el camino
de la vida? Comparte con Dios tus esperanzas y preocupaciones. Escríbelas
aquí y revísalas más tarde para ver cómo Dios te ha prosperado y te ha dado
esperanza y futuro.

Enero

Fecha: _____

Alabanzas a Dios por las oraciones respondidas y las bendiciones:

_____

_____

_____

_____

_____

_____

_____

_____

Arrepentirnos y perdonar:

_____

_____

_____

_____

_____

_____

_____

_____

_____

_____

Pedir la intervención y ayuda de Dios:

_____
_____
_____
_____
_____
_____
_____
_____
_____
_____

Personas por las que orar:

_____
_____
_____
_____
_____
_____
_____
_____
_____
_____

Enero

Fecha: _____

Alabanzas a Dios por las oraciones respondidas y las bendiciones:

_____

_____

_____

_____

_____

_____

_____

_____

_____

Arrepentirnos y perdonar:

_____

_____

_____

_____

_____

_____

_____

_____

_____

_____

Pedir la intervención y ayuda de Dios:

_____
_____
_____
_____
_____
_____
_____
_____
_____

Personas por las que orar:

_____
_____
_____
_____
_____
_____
_____
_____
_____
_____

Enero

Fecha: _____

Alabanzas a Dios por las oraciones respondidas y las bendiciones:

_____

_____

_____

_____

_____

_____

_____

_____

_____

Arrepentirnos y perdonar:

_____

_____

_____

_____

_____

_____

_____

_____

_____

Pedir la intervención y ayuda de Dios:

_____
_____
_____
_____
_____
_____
_____
_____
_____

Personas por las que orar:

_____
_____
_____
_____
_____
_____
_____
_____
_____

Enero

Fecha: _____

Alabanzas a Dios por las oraciones respondidas y las bendiciones:

_____

_____

_____

_____

_____

_____

_____

_____

Arrepentirnos y perdonar:

_____

_____

_____

_____

_____

_____

_____

_____

_____

Pedir la intervención y ayuda de Dios:

_____
_____
_____
_____
_____
_____
_____
_____
_____
_____

Personas por las que orar:

_____
_____
_____
_____
_____
_____
_____
_____
_____
_____
_____
_____

La iglesia del Santo Sepulcro
Se cree que la iglesia contiene el lugar de la crucifixión de Jesús, el Calvario,
así como la tumba vacía donde fue enterrado y luego resucitó.

Febrero

Porque de tal manera amó Dios al mundo, que ha dado a su Hijo unigénito,
para que todo aquel que en Él cree, no se pierda, mas tenga vida eterna.
—Juan 3:16 RVA

Altar de Crucifixiónn dentro de la Iglesia del Santo Sepulcro

Evangelio

El Evangelio es la Buena Nueva de que el Creador del universo vio a un pueblo pecador y envió a su hijo, Jesucristo, Dios en carne y hueso, para que cargara su ira contra el pecado en la cruz y mostrara su poder sobre este en su resurrección, para que todo aquel que se aparte de sus pecados y confíe en Jesús como Salvador y Señor sea reconciliado con Dios para siempre.

Cuando Jesús fue condenado a muerte, colgaron con él a dos criminales. Uno de ellos insultaba a Jesús diciendo: "¿No eres tú el Cristo? Sálvate a ti mismo y a nosotros". Pero el otro criminal le reprendió y le dijo: "¿Ni siquiera temes a Dios, pues estás bajo la misma sentencia de condenación?". Entonces le preguntó a Jesús "¡Acuérdate de mí cuando vengas en Tu reino!". Y Jesús le dijo "En verdad te digo que hoy estarás conmigo en el Paraíso". (ver Lucas 23:39–43)

El don de la salvación de Dios se extendió incluso a este pecador que creyó en el último momento de su vida. No hay nada que te mantenga separado de Su gracia. Todo lo que necesitas hacer es arrepentirte ante Dios por tus pecados y hacerle saber que crees que Su hijo, Jesucristo, vino a la tierra para salvarnos y ser el sacrificio perfecto para que pudiéramos vivir en la eternidad con Dios.

Por lo cual también Dios le exaltó hasta lo sumo, y le dio el nombre que está sobre todo nombre, para que en el nombre de Jesús se doble toda rodilla de los que están en los cielos, y en la tierra, y debajo de la tierra; y toda lengua confiese que Jesucristo es el Señor, para gloria de Dios Padre.
—Filipenses 2:9-11 RVA

Febrero

¿Han entregado su vida a Cristo? ¿Le han pedido que entre en su corazón y los guíe por su camino? De no ser así, los aliento a rezarle hoy, pedirle que perdone sus pecados y confesar que Jesús es su Señor y Salvador. No tenemos garantizado un mañana, así que no esperen. Escriban su declaración de fe abajo. Díganle a Dios que quieren ser parte de su familia.

Febrero

Fecha: _____

Alabanzas a Dios por las oraciones respondidas y las bendiciones:

_____

_____

_____

_____

_____

_____

_____

_____

Arrepentirnos y perdonar:

_____

_____

_____

_____

_____

_____

_____

_____

_____

_____

Pedir la intervención y ayuda de Dios:

___

Personas por las que orar:

___

Febrero

Fecha: _____

Alabanzas a Dios por las oraciones respondidas y las bendiciones:

_____

_____

_____

_____

_____

_____

_____

_____

Arrepentirnos y perdonar:

_____

_____

_____

_____

_____

_____

_____

_____

_____

_____

Pedir la intervención y ayuda de Dios:

_____
_____
_____
_____
_____
_____
_____
_____
_____
_____

Personas por las que orar:

_____
_____
_____
_____
_____
_____
_____
_____
_____
_____

Febrero

Fecha: _____

Alabanzas a Dios por las oraciones respondidas y las bendiciones:

_____

_____

_____

_____

_____

_____

_____

_____

Arrepentirnos y perdonar:

_____

_____

_____

_____

_____

_____

_____

_____

_____

Pedir la intervención y ayuda de Dios:

_____
_____
_____
_____
_____
_____
_____
_____
_____
_____

Personas por las que orar:

_____
_____
_____
_____
_____
_____
_____
_____
_____
_____
_____

Febrero

Fecha: _____

Alabanzas a Dios por las oraciones respondidas y las bendiciones:

_____

_____

_____

_____

_____

_____

_____

_____

_____

Arrepentirnos y perdonar:

_____

_____

_____

_____

_____

_____

_____

_____

_____

_____

Pedir la intervención y ayuda de Dios:

_____
_____
_____
_____
_____
_____
_____
_____
_____

Personas por las que orar:

_____
_____
_____
_____
_____
_____
_____
_____
_____

Tumba vacía en la iglesia del Santo Sepulcro

No hay mejor imagen del amor que la tumba vacía. Habla de la muerte y resurrección de nuestro Señor Jesucristo y de cuánto nos ama Dios, tanto que entregó a su único hijo para que pudiéramos vivir en la eternidad con Él.

Marzo

Amados, amémonos unos a otros, porque el amor es de Dios;
y todo el que ama ha nacido de Dios y conoce a Dios.
El que no ama no conoce a Dios, porque Dios es amor.
—1 Juan 4:7–8 RVA

Cueva de la tumba de entierro en la Iglesia del Santo Sepulcro

Amor

Imaginen que quizás ustedes sean el único ejemplo del amor de Jesús que una persona encuentre en su vida. Es una gran responsabilidad.

Me gustaría poder decir que he estado siempre a la altura de ese compromiso, pero lo cierto es que no. Sin embargo, hoy es un nuevo día, una oportunidad para hacer mejor las cosas, una posibilidad de volver a intentarlo y hacer que los demás se sientan amados y vistos.

Dios nos dio otro día para mostrar su amor a aquellos a quienes pone en nuestro camino, incluso a los que no son dignos de amor y, en especial, a los que están sufriendo y buscando.

Su muestra de amor puede ser tan solo una sonrisa o una palabra amable, tal vez ofrecerse a orar con alguien o ayudar a una persona con una tarea. Pregúntenle a Dios cómo pueden demostrar su amor hoy y cada día de una manera que ayude a cambiar vidas y lleve a las personas a tener un vínculo con Él.

Dios nos dice constantemente en su Evangelio que el amor es lo más importante que recordar. Lean 1 Corintios 13 y conozcan el verdadero significado del amor a través de los ojos de Dios y luego pónganlo en práctica en su vida.

*Y ahora quedan estos tres: Fe, Esperanza y Amor.
Pero el mayor de ellos es El Amor.*
—1 Corintios 3:13 NVI

Marzo

¿Hay alguien en su vida a quien le vendría bien un poco más de amor de ustedes? ¿Cómo los pueden hacer sentir especiales y mostrarles el amor de Cristo? Quizás haya personas con quienes no se llevan tan bien, pero Dios las puso en su vida. Pídanle a Dios que les dé un amor específico para esa persona "que no es digna de amor". Hará que la vida de ambos sea mucho más rica.

Marzo

Fecha: _____

Alabanzas a Dios por las oraciones respondidas y las bendiciones:

_____

_____

_____

_____

_____

_____

_____

_____

Arrepentirnos y perdonar:

_____

_____

_____

_____

_____

_____

_____

_____

_____

Pedir la intervención y ayuda de Dios:

_____
_____
_____
_____
_____
_____
_____
_____
_____
_____

Personas por las que orar:

_____
_____
_____
_____
_____
_____
_____
_____
_____
_____

Marzo

Fecha: _____

Alabanzas a Dios por las oraciones respondidas y las bendiciones:

_____

_____

_____

_____

_____

_____

_____

_____

_____

Arrepentirnos y perdonar:

_____

_____

_____

_____

_____

_____

_____

_____

_____

_____

Pedir la intervención y ayuda de Dios:

___

Personas por las que orar:

___

Marzo

Fecha: _____

Alabanzas a Dios por las oraciones respondidas y las bendiciones:

_____

_____

_____

_____

_____

_____

_____

Arrepentirnos y perdonar:

_____

_____

_____

_____

_____

_____

_____

_____

Pedir la intervención y ayuda de Dios:

Personas por las que orar:

Marzo

Fecha: _____

Alabanzas a Dios por las oraciones respondidas y las bendiciones:

_____

_____

_____

_____

_____

_____

_____

_____

Arrepentirnos y perdonar:

_____

_____

_____

_____

_____

_____

_____

_____

_____

Pedir la intervención y ayuda de Dios:

_____
_____
_____
_____
_____
_____
_____
_____
_____

Personas por las que orar:

_____
_____
_____
_____
_____
_____
_____
_____
_____
_____

Ciudad de Cafarnaúm

Ubicada a orillas del mar de Galilea, Jesús vivió aquí durante sus años de ministerio. Es en esta ciudad donde Jesús encontró a cinco de sus discípulos y sanó a muchos. Lamentablemente, la gente de Cafarnaúm no creía en Él.

Abril

El Señor es mi luz y mi salvación; ¿a quién temeré?
El Señor es el baluarte de mi vida; ¿quién podrá amedrentarme?
—Salmos 27:1 NVI

Prensa de aceitunas en Cafarnaúm

Fortaleza

Hace poco, tuve la inmensa alegría de darle un regalo de celebración a un amigo al que, unas semanas antes, le habían dicho que debería despedirse de su familia porque la enfermedad que tenía iba a ganar. Pero, alabado sea Dios, fuimos testigos del poder de la oración, la determinación de un espíritu guerrero y, sobre todo, el amor y la sanación de Dios, y mi amigo seguirá aquí un tiempo más para inspirar a quienes lo rodean.

Por qué Dios eligió curar a mi amigo y no a otro es algo que no me corresponde cuestionar. Yo solo alabo a mi Señor porque lo hizo. Incluso si mi amigo hubiera muerto, sé que lo habría vuelto a ver en el cielo.

"¿A quién temeré?". Esto es lo que pregunta David en los Salmos. A esto se responde con un rotundo "¡A NADA, si Dios está de tu lado!". El Creador del universo es nuestra fortaleza. Tenemos todo el poder detrás de nosotros. ¡Aleluya! En este momento, estamos creando un mundo en el que se nos enseña a temernos unos a otros porque podemos enfermarnos. Muchos están dejando que este miedo se infiltre en su vida. Pero Dios dice: "¡No teman!".

El mundo comenzó a tener miedo porque la gente dejó de confiar en Dios y en el don de la vida eterna. El foco se ha puesto en mantenernos con vida a toda costa, incluso si eso significa renunciar a todas las libertades y a que quienes nos rodean mueran por falta de atención, abuso, drogas y suicidio. No dejen de vivir y de amar por miedo. Nuestro Dios es mucho más poderoso que cualquier padecimiento terrenal.

> **Porque en el día de la aflicció él me resguardará en su morada;**
> **al amparo de su tabernáculo me protegerá,**
> **y me pondrá en alto, sobre una roca.**
> **—Salmos 27:5 NVI**

Abril

¿Hay algo que les haga sentir temor? Confiésenselo a Dios. Déjenlo al pie de la cruz y pídanle que los llene de su paz. Él estará con ustedes en cada tormenta. Escriban aquí sus miedos y entréguenselos hoy a Dios.

_____

_____

_____

_____

_____

_____

_____

_____

_____

Abril

Fecha: _____

Alabanzas a Dios por las oraciones respondidas y las bendiciones:

_____

_____

_____

_____

_____

_____

_____

_____

Arrepentirnos y perdonar:

_____

_____

_____

_____

_____

_____

_____

_____

_____

Pedir la intervención y ayuda de Dios:

_____
_____
_____
_____
_____
_____
_____
_____
_____

Personas por las que orar:

_____
_____
_____
_____
_____
_____
_____
_____
_____
_____

Abril

Fecha: _____

Alabanzas a Dios por las oraciones respondidas y las bendiciones:

_____

_____

_____

_____

_____

_____

_____

_____

Arrepentirnos y perdonar:

_____

_____

_____

_____

_____

_____

_____

_____

_____

_____

Pedir la intervención y ayuda de Dios:

___

Personas por las que orar:

Abril

Fecha: _____

Alabanzas a Dios por las oraciones respondidas y las bendiciones:

_____

_____

_____

_____

_____

_____

_____

_____

Arrepentirnos y perdonar:

_____

_____

_____

_____

_____

_____

_____

_____

_____

Pedir la intervención y ayuda de Dios:

_____
_____
_____
_____
_____
_____
_____
_____
_____

Personas por las que orar:

_____
_____
_____
_____
_____
_____
_____
_____
_____

Abril

Fecha: _____

Alabanzas a Dios por las oraciones respondidas y las bendiciones:

_____
_____
_____
_____
_____
_____
_____
_____
_____

Arrepentirnos y perdonar:

_____
_____
_____
_____
_____
_____
_____
_____
_____
_____

Pedir la intervención y ayuda de Dios:

___

Personas por las que orar:

___

Colina de Elías
Situada cerca del río Jordán, en las afueras de Jericó, se encuentra la colina de Elías. Es el lugar donde apareció un carro y caballos de fuego, y Elías fue llevado al cielo en un torbellino.

Mayo

Y sabemos que a los que aman a Dios, todas las cosas les ayudan a bien, esto es, a los que conforme a su propósito son llamados.
—Romanos 8:28 RVA

Río Jordán
Si se paran en la orilla, estarán cerca del lugar donde Jesús fue bautizado. Mientras estén aquí, también se podrán imaginar el dolor de Moisés cuando se le prohibió cruzar este río para ir a la Tierra Prometida.

Paz

Como mencioné al comienzo de este diario, cuando era niña, una serie de eventos desafortunados hizo que parte de mi hogar se incendiara. Después de eso, el panorama fue desolador. Mi mamá la estaba pasando bastante mal. Entonces, le cité Romanos 8:28 de memoria y le recordé la promesa de Dios, que "Dios dispone todas las cosas para el bien de quienes lo aman". Ese pasaje se convirtió en nuestra bendición compartida. Nos lo recordamos cuando las cosas se vuelven difíciles.

"Para el bien" no significa para nuestra propia felicidad, comodidad o seguridad. Significa que Dios usará los momentos difíciles de nuestra vida para acercarnos a Él y transformarnos en nuevas criaturas a su imagen que estén en armonía con Él. Este proceso implica perfeccionar nuestra voluntad según la voluntad de Dios y, a veces, eso duele. Entonces, esta Escritura no se refiere a que nunca sufrirán; "para el bien" significa que tenemos la esperanza de que, a través del sufrimiento, adaptaremos nuestro camino a la voluntad de Dios para nuestra vida.

Memorizar las Escrituras y guardarlas para usarlas en otro momento es poderoso. Los desafío hoy a que anoten este pasaje en algún lugar y lo atesoren en su corazón. Tendrán la oportunidad, ustedes o un ser querido, de encontrar paz al escuchar a Dios y recordar que Él puede usar hasta las cenizas de nuestra vida para su gloria y que nos levantará nuevamente.
Dios nos ama y nos habla a través de su palabra. Su palabra nos traerá paz y consuelo en los días más oscuros.

> Me has dado a conocer la senda de la vida; me llenarás de alegría en tu presencia, y de dicha eterna a tu derecha.
> —Salmos **16:11 NVI**

Mayo

¿Tienen un pasaje bíblico preferido? ¿Los ha ayudado en algún momento difícil? ¿O hay una Escritura que les gustaría aprender de memoria? Si es así, anótenla aquí, mírenla a diario y repítanla a menudo hasta que quede grabada en su corazón para siempre.

_____

_____

_____

_____

_____

_____

_____

_____

_____

_____

Mayo

Fecha: _____

Alabanzas a Dios por las oraciones respondidas y las bendiciones:

_____

_____

_____

_____

_____

_____

_____

_____

Arrepentirnos y perdonar:

_____

_____

_____

_____

_____

_____

_____

_____

_____

_____

Pedir la intervención y ayuda de Dios:

Personas por las que orar:

Mayo

Fecha: _____

Alabanzas a Dios por las oraciones respondidas y las bendiciones:

_____

_____

_____

_____

_____

_____

_____

_____

_____

Arrepentirnos y perdonar:

_____

_____

_____

_____

_____

_____

_____

_____

_____

Pedir la intervención y ayuda de Dios:

_____
_____
_____
_____
_____
_____
_____
_____
_____

Personas por las que orar:

_____
_____
_____
_____
_____
_____
_____
_____
_____

Mayo

Fecha: _____

Alabanzas a Dios por las oraciones respondidas y las bendiciones:

_____

_____

_____

_____

_____

_____

_____

_____

_____

Arrepentirnos y perdonar:

_____

_____

_____

_____

_____

_____

_____

_____

_____

Pedir la intervención y ayuda de Dios:

Personas por las que orar:

Mayo

Fecha: _____

Alabanzas a Dios por las oraciones respondidas y las bendiciones:

_____

_____

_____

_____

_____

_____

_____

_____

Arrepentirnos y perdonar:

_____

_____

_____

_____

_____

_____

_____

_____

_____

_____

Pedir la intervención y ayuda de Dios:

Personas por las que orar:

Ciudad de Jerusalén

Parada en el Monte de los Olivos y mirando la ciudad de David, me sorprendió la cantidad de eventos bíblicos que tuvieron lugar dentro de los muros de esta área relativamente pequeña. Desde sus orígenes, Jerusalén fue apartada por Dios para desempeñar un papel central en su plan para todas las generaciones. Desde el templo que construyó Salomón según las instrucciones de Dios, pasando por el lugar de la última cena, hasta el camino de la Vía Dolorosa que tomó Jesús cuando los soldados romanos lo obligaron a cargar la cruz hasta su crucifixión, la ciudad sigue siendo un testamento viviente de la voluntad de Dios para su pueblo.

Junio

Como se acercaba el tiempo de que fuera llevado al cielo, Jesús se hizo el firme propósito de ir a Jerusalén. Envió por delante mensajeros, que entraron en un pueblo samaritano para prepararle alojamiento; pero allí la gente no quiso recibirlo porque se dirigía a Jerusalén. Cuando los discípulos Jacobo y Juan vieron esto, le pregunta —Lucas 9:51–54 NVI

Domo de la Roca
Construido por los musulmanes sobre la ubicación original del templo de Salomón, se considera que este lugar es donde Abraham estuvo a punto de sacrificar a su hijo Ismael.

Yo soy

¿Alguna vez se encontraron en una situación en la que sintieron que debían defender a Dios? ¿Quizás alguien estaba pisoteando su palabra o las convicciones que el Espíritu Santo puso en su corazón? ¿Adivinen qué? ¡Dios no necesita que lo defiendan! Así que, suelten esa carga, no les pertenece. ¡No sería Dios si necesitara que lo defendieran! ¿Se sienten mejor? ¡Sé que yo sí!

Dios quiere que lo representen en el amor, la bondad y en un corazón puro. Divulguen su palabra con espíritu de enseñanza. En este pasaje de Lucas, Jesús y sus discípulos estaban caminando por un pueblo llamado Samaria, y la gente era hostil y no los dejaba descansar, comer ni pasar la noche. Esto realmente molestó a los discípulos. Supongo que hoy diríamos: "¡Oigan! ¿Ustedes saben quién es este hombre?". Uno de los discípulos le preguntó a Jesús: "Señor, ¿quieres que mandemos que descienda fuego del cielo y los consuma?". Jesús le aseguró al discípulo que no necesitaba que lo defendieran y que no había venido a la tierra para destruir a nadie.

La próxima vez que sientas el impulso de defender a Dios, en lugar de eso, reza por esa persona como hizo Jesús, mientras estaba colgado en la cruz para morir por tu pecado, en Lucas 23:34: "Padre, perdónalos, porque no saben lo que hacen". RVC

Él es Dios, el gran YO SOY. Creó los cielos y la tierra. Las armas más poderosas que necesitan son la oración y la Palabra. Pídanle a Dios que los use como ejemplo y los ayude a transformar los corazones.

> **Y esto es lo que tienes que decirles a los israelitas:**
> **Yo soy me ha enviado a ustedes.**
> **—Exodus 3:14 NVI**

Junio

¿Tienes un amigo o compañero de trabajo que necesita a Jesús? Si es así, acércate a él o ella con amor, amabilidad y entendimiento, y comparte tu testimonio de lo que el Gran Yo Soy está haciendo en tu vida. No les golpees con las escrituras y el miedo. No es tu rol salvar, sino que ser un ejemplo como Cristo, para que Él pueda funcionar a través de tí para llegar a él o ella. ¿Con quién puedes compartir a Jesús? ¿De qué manera puedes compartir la forma en que Jesús ha actuado en tu vida?

_____

_____

_____

_____

_____

_____

_____

_____

_____

_____

Junio

Fecha: _____

Alabanzas a Dios por las oraciones respondidas y las bendiciones:

_____

_____

_____

_____

_____

_____

_____

_____

Arrepentirnos y perdonar:

_____

_____

_____

_____

_____

_____

_____

_____

_____

Pedir la intervención y ayuda de Dios:

_____
_____
_____
_____
_____
_____
_____
_____
_____

Personas por las que orar:

_____
_____
_____
_____
_____
_____
_____
_____
_____
_____

Junio

Fecha: _____

Alabanzas a Dios por las oraciones respondidas y las bendiciones:

_____

_____

_____

_____

_____

_____

_____

_____

_____

Arrepentirnos y perdonar:

_____

_____

_____

_____

_____

_____

_____

_____

_____

_____

Pedir la intervención y ayuda de Dios:

_____
_____
_____
_____
_____
_____
_____
_____
_____

Personas por las que orar:

_____
_____
_____
_____
_____
_____
_____
_____
_____
_____

Junio

Fecha: _____

Alabanzas a Dios por las oraciones respondidas y las bendiciones:

_____

_____

_____

_____

_____

_____

_____

_____

_____

Arrepentirnos y perdonar:

_____

_____

_____

_____

_____

_____

_____

_____

_____

Pedir la intervención y ayuda de Dios:

Personas por las que orar:

Junio

Fecha: _____

Alabanzas a Dios por las oraciones respondidas y las bendiciones:

_____

_____

_____

_____

_____

_____

_____

_____

Arrepentirnos y perdonar:

_____

_____

_____

_____

_____

_____

_____

_____

_____

Pedir la intervención y ayuda de Dios:

_____
_____
_____
_____
_____
_____
_____
_____
_____

Personas por las que orar:

_____
_____
_____
_____
_____
_____
_____
_____
_____
_____

Área del patio de la Basílica de la Natividad en Belén

Situadas en el lugar donde se cree que Jesús nació, de origen humilde, dentro de una cueva y acostado en un pesebre, las estatuas de la Basílica de la Natividad aquí incluyen a la madre de Jesús, María, y a Jerónimo, quien tradujo la Biblia al latín.

Julio

Porque Dios no envió a su Hijo al mundo para condenar al mundo,
sino para que el mundo se salve por Él.
—Juan 3:17 RVA

Corneja cenicienta volando a lo largo del mar Mediterráneo

Creador

El Dios que hizo los hermosos narcisos, las majestuosas montañas, los océanos y el vasto universo miró Su obra y dijo que el mundo también necesitaba uno de ustedes. ¡Y así Él los creó!

Ustedes importan. Son Su maravillosa creación. ¡Dios los conoce y los ama! Él dice que tiene contados los cabellos de su cabeza. El propósito de ustedes es tener comunión con Él, mostrar Su amor a los demás y ser lo mejor que puedan a través de las enseñanzas que nos dejó en la Biblia.

Él está esperando que clamen por Él, que se arrepientan de sus pecados y que acepten que Jesucristo es el Hijo de Dios, que vino a la tierra a morir por ustedes para que ustedes no tengan que hacerlo. Crean que Él venció a la muerte y ascendió al cielo a preparar un lugar para ustedes. Continúen arrepintiéndose de sus pecados, lean Su Palabra y vivan una vida que esté lista para Su regreso en cualquier momento. Permitan que su vida sea la luz para que otros encuentren el camino angosto, tal como ustedes lo han hecho.

Esta noche, miren al cielo y tómense un momento para absorber el hecho de que el Dios que creó todas esas estrellas, la luna y el vasto cielo nocturno los ama y quiere saber de ustedes incesantemente. ¡Él está esperando!

**Pero los cabellos de tu cabeza están todos contados.
No temáis, pues, porque valéis más que muchos pajarillos.**
—Lucas 12:7 RVA

Julio

Tómense un momento para agradecer a Dios por haberlos creado y por amarlos. Dios nos dio a cada uno de nosotros dones espirituales para que los usemos para ayudar a otros. ¿Cuál es la habilidad o talento especial que Dios les dio? Si no lo saben, pídanle que se los muestre. Escriban las maneras en que pueden usar sus talentos para promover el reino de Dios y darle honor y gloria.

Julio

Fecha: _____

Alabanzas a Dios por las oraciones respondidas y las bendiciones:

_____

_____

_____

_____

_____

_____

_____

_____

Arrepentirnos y perdonar:

_____

_____

_____

_____

_____

_____

_____

_____

_____

_____

Pedir la intervención y ayuda de Dios:

Personas por las que orar:

Julio

Fecha: _____

Alabanzas a Dios por las oraciones respondidas y las bendiciones:

_____

_____

_____

_____

_____

_____

_____

_____

Arrepentirnos y perdonar:

_____

_____

_____

_____

_____

_____

_____

_____

_____

Pedir la intervención y ayuda de Dios:

_____
_____
_____
_____
_____
_____
_____
_____
_____
_____

Personas por las que orar:

_____
_____
_____
_____
_____
_____
_____
_____
_____
_____

Julio

Fecha: _____

Alabanzas a Dios por las oraciones respondidas y las bendiciones:

_____

_____

_____

_____

_____

_____

_____

_____

_____

Arrepentirnos y perdonar:

_____

_____

_____

_____

_____

_____

_____

_____

_____

Pedir la intervención y ayuda de Dios:

_____
_____
_____
_____
_____
_____
_____
_____
_____

Personas por las que orar:

_____
_____
_____
_____
_____
_____
_____
_____
_____
_____

Julio

Fecha: _____

Alabanzas a Dios por las oraciones respondidas y las bendiciones:

_____

_____

_____

_____

_____

_____

_____

_____

Arrepentirnos y perdonar:

_____

_____

_____

_____

_____

_____

_____

_____

_____

Pedir la intervención y ayuda de Dios:

_____
_____
_____
_____
_____
_____
_____
_____
_____
_____

Personas por las que orar:

_____
_____
_____
_____
_____
_____
_____
_____
_____
_____

Área que rodea el Muro Occidental o de los Lamentos

Este es el lugar más sagrado para los judíos dentro de la ciudad de Jerusalén. Forma parte de un gran muro que alguna vez rodeó el área del Monte del Templo. Este muro fue lo más cerca que el pueblo judío pudo estar del Monte del Templo durante miles de años. Allí, el Rey Salomón construyó el santuario para Dios y guardó el Arca de la Alianza.

Agosto

Por la noche durará el lloro,
Y a la mañana vendrá la alegría.
—Salmo 30:5 RVR

Oraciones colocadas en las grietas del muro

Alegría

Comiencen cada mañana con la mirada puesta en Jesús y no en este mundo. Si lo hacen, encontrarán más alegría durante todo el día. Es muy fácil caer en el hábito de revisar el correo electrónico, las redes sociales y las noticias en el teléfono antes de hablar con Dios. Si alguna vez quisieron comenzar su día deprimidos, especialmente en nuestra cultura actual, ¡esa es una manera segura de hacerlo!

Los desafío a que, antes de tomar el teléfono, se tomen un momento para poner su atención en Jesús. Tomen su Biblia, un devocionario o descarguen una aplicación de la Biblia en su teléfono y eleven su corazón en oración, diciéndole a Dios que lo aman y agradeciéndole por otro día. Pongan sus preocupaciones al pie de la cruz y pídanle que los prepare para el día que viene, sea lo que sea, y los llene de alegría. Les prometo que estarán fortalecidos, serán más felices y tendrán una mejor actitud para enfrentar el día.

David es el autor de muchos de los salmos. Su vida ciertamente tuvo muchos altibajos, pero mantuvo sus ojos en el Señor. Cuando las cosas se pusieron difíciles, clamó a Dios; y cuando vio que Dios era fiel, David alzó su voz en alabanza.

Como creyentes, podemos sentirnos animados por la vida de David. En tiempos de alegría, momentos de desesperanza y todo lo demás, David se acercó a Dios en busca de guía y encontró gozo. El Salmo 30:5 también nos recuerda la promesa de la resurrección y el renacimiento de Jesús; después de nuestras noches más oscuras, podemos ver alegría en la mañana, sobre todo cuando Él vuelva por nosotros.

> Sigue tu camino, come lo gordo, bebe lo dulce, y envía porciones a aquellos para quienes no hay nada preparado; porque este día es santo para nuestro Señor. No os entristezcáis, porque la alegría del Señor es vuestra fuerza.
> —Nehemías 8:10 RVA

Agosto

¿Qué cambios puedes incorporar para mejor buscar la dirección de Dios en tu día? Haz un acuerdo en el espacio de abajo, con Dios y contigo mismo, para priorizar tu tiempo con Él. Si lo haces, mejorarás tu salud mental y tu disposición para afrontar el día. Él te está esperando y quiere llenar tu corazón de una alegría que trasciende todo entendimiento.

_____

_____

_____

_____

_____

_____

_____

_____

_____

Agosto

Fecha: _____

Alabanzas a Dios por las oraciones respondidas y las bendiciones:

_____

_____

_____

_____

_____

_____

_____

_____

Arrepentirnos y perdonar:

_____

_____

_____

_____

_____

_____

_____

_____

_____

_____

Pedir la intervención y ayuda de Dios:

_____
_____
_____
_____
_____
_____
_____
_____
_____

Personas por las que orar:

_____
_____
_____
_____
_____
_____
_____
_____
_____
_____

Agosto

Fecha: _____

Alabanzas a Dios por las oraciones respondidas y las bendiciones:

_____
_____
_____
_____
_____
_____
_____
_____

Arrepentirnos y perdonar:

_____
_____
_____
_____
_____
_____
_____
_____
_____

Pedir la intervención y ayuda de Dios:

Personas por las que orar:

Agosto

Fecha: _____

Alabanzas a Dios por las oraciones respondidas y las bendiciones:

_____

_____

_____

_____

_____

_____

_____

_____

Arrepentirnos y perdonar:

_____

_____

_____

_____

_____

_____

_____

_____

_____

Pedir la intervención y ayuda de Dios:

Personas por las que orar:

Agosto

Fecha: _____

Alabanzas a Dios por las oraciones respondidas y las bendiciones:

_____

_____

_____

_____

_____

_____

_____

_____

_____

Arrepentirnos y perdonar:

_____

_____

_____

_____

_____

_____

_____

_____

_____

_____

Pedir la intervención y ayuda de Dios:

___

Personas por las que orar:

Cuarta Estación del Vía Crucis en la Vía Dolorosa, donde se supone que Jesús vio a su madre María.

Septiembre

Y en los postreros días, dice Dios, Derramaré de mi Espíritu sobre toda carne, Y vuestros hijos y vuestras hijas profetizarán; Vuestros jóvenes verán visiones, Y vuestros ancianos soñarán sueños;
—Hechos 2:17 RVR

Lugar donde posiblemente se lavó Poncio Pilato se lavó sus manos antes de la crucifixión de Cristo.

Los Sueños

Hay veintiuno sueños que son recordados en La Biblia. Seis de estos fueron dados a la gente para proteger a Jesús. Solamente uno sueño recordado fue visto por una mujer, y sirvió para proteger a Jesús de la crucifixión.

Mientras Pilato estaba sentado en el tribunal a punto de dictar sentencia contra Jesús, su mujer le envió el mismo mensaje que vemos en Mateo 27:19. Pilato ya sentía que era por interés propio de las autoridades locales que Jesús le había sido entregado para ser enjuiciado, así que estoy segura de que el mensaje de su mujer agregó ese poco de empuje.

Y cuando la plebe persistía en gritar "¡Crucifícalo!", Pilato procedió ceremoniosamente a tomar agua y lavarse las manos delante de la plebe, declarando "Soy inocente de la sangre de este hombre". Todos sabemos que él era el hombre encargado, él pudo parar la muerte de Jesús, pero no lo hizo. Dejó que Jesús fuera sacrificado para preservar el Dominio Romano, y su propia carrera. Hubo ignorado el sueño de su mujer.

Dios había utilizado previamente un sueño para avisar a José de que Jesús nacería a través de su esposa María, y que debe casarse con ella y proteger al niño. Por fortuna, José atendió a este sueño de Dios. Dios utilizaba los sueños a través del Antiguo Testamento para hablar a Su pueblo, antes de mandar a Su Espíritu Santo que nos llegó después de que Jesús se levantó de la muerte. Cuando el Espíritu Santo bajó sobre los discípulos de Jesús, se les impartieron dones, incluyendo los sueños, que se utilizaron para proclamar el Evangelio, se mencionan en Hechos 2.

> Mientras estaba sentado en el tribunal, su mujer le mandó decir: "No tengas nada que ver con ese justo, porque hoy he sufrido muchas cosas en sueños por su causa."
> —Mateo 27:19 RVA

Septiembre

¿Qué piensan sobre los sueños? Si les interesa aprender más sobre los sueños en la Biblia, aquí hay una lista para que investiguen: Génesis 20; Génesis 28:12; Génesis 31:10–13; Génesis 31:24; Génesis 37:1–10; Génesis 40:9–15; Génesis 40:16–19; Génesis 41; Jueces 7:13–14; 1 Reyes 3:5–15; Daniel 2; Daniel 4; Daniel 7; Mateo 1:18–2:23 y Mateo 27:19. ¿Qué pueden aprender de estos versículos?

Septiembre

Fecha: _____

Alabanzas a Dios por las oraciones respondidas y las bendiciones:

_____

_____

_____

_____

_____

_____

_____

Arrepentirnos y perdonar:

_____

_____

_____

_____

_____

_____

_____

_____

Pedir la intervención y ayuda de Dios:

___

Personas por las que orar:

___

Septiembre

Fecha: _____

Alabanzas a Dios por las oraciones respondidas y las bendiciones:

_____

_____

_____

_____

_____

_____

_____

_____

Arrepentirnos y perdonar:

_____

_____

_____

_____

_____

_____

_____

_____

_____

Pedir la intervención y ayuda de Dios:

Personas por las que orar:

Septiembre

Fecha: _____

Alabanzas a Dios por las oraciones respondidas y las bendiciones:

_____

_____

_____

_____

_____

_____

_____

_____

Arrepentirnos y perdonar:

_____

_____

_____

_____

_____

_____

_____

_____

_____

Pedir la intervención y ayuda de Dios:

___

Personas por las que orar:

Septiembre

Fecha: _____

Alabanzas a Dios por las oraciones respondidas y las bendiciones:

_____

_____

_____

_____

_____

_____

_____

_____

Arrepentirnos y perdonar:

_____

_____

_____

_____

_____

_____

_____

_____

_____

Pedir la intervención y ayuda de Dios:

_____
_____
_____
_____
_____
_____
_____
_____
_____

Personas por las que orar:

_____
_____
_____
_____
_____
_____
_____
_____
_____
_____

Septiembre

Fecha: _____

Alabanzas a Dios por las oraciones respondidas y las bendiciones:

_____

_____

_____

_____

_____

_____

_____

_____

Arrepentirnos y perdonar:

_____

_____

_____

_____

_____

_____

_____

_____

_____

Pedir la intervención y ayuda de Dios:

Personas por las que orar:

Los campos de los pastores de Belén

En mi recorrido por las tierras santas, este lugar con vista a los campos de los pastores aportó una gran claridad a mi perspectiva de las Escrituras en cuanto a la ubicación de los eventos bíblicos. En estas colinas ubicadas a una milla del lugar donde nació Jesús, la multitud de ángeles anunció por primera vez el nacimiento de nuestro Salvador a quienes vigilaban sus rebaños.

Estos son los mismos campos donde Rut espigó en los campos de Booz y, finalmente, se convirtió en su esposa. Rut era descendiente directa de David y Jesús. Por lo tanto, estos también serían los mismos campos donde David estaba vigilando a sus ovejas cuando su padre, Isaí, lo llevó a Samuel y lo ungió como el futuro rey.

Octubre

Todo tiene su tiempo,
y todo lo que se quiere debajo del cielo tiene su hora.
—Eclesiastés **3:1** RVR

Estaciones

Esta lista de estaciones en Eclesiastés es como un hermoso poema que describe las diferentes facetas de nuestra vida. Nos recuerda tanto las alegrías como las tristezas inevitables que veremos a lo largo de nuestra vida. Lo más probable es que esto haya sido escrito por Salomón, quien fue el más sabio de todos los reyes de la historia. Incluso con toda su sabiduría y su riqueza extrema, reconocía que todos los eventos en nuestra vida están en las manos de Dios, y Él tiene el control, no nosotros.

Dios hace que todas las cosas sucedan a Su tiempo. No le sorprende nada de lo que ocurre en nuestra vida. Él estaba allí delante de nosotros y nos ha abierto un camino para atravesar las sombras.

Al igual que las estaciones del año, las circunstancias que atravesamos en la vida no son casuales; son planificadas o permitidas por Dios con la intención y el propósito de moldearnos y formarnos. Una vida sin Dios hará que las estaciones adversas se sientan desalentadoras, pero una vida vivida en relación con Dios y reconociendo Su plan para nosotros será una vida repleta de significado.

Si recordamos mantener nuestros ojos en Dios durante los malos momentos, saldremos de ellos más sabios y fortalecidos en nuestra relación con nuestro Creador. Lo bueno de una estación es que con el tiempo llega a su fin. Así como el invierno se convierte en primavera, nuestra aflicción se convertirá en alegría. La mayor promesa es que todas las estaciones de lamento terminarán cuando estemos unidos con Cristo en el cielo.

Tiempo de nacer, y tiempo de morir;
tiempo de plantar, y tiempo de arrancar lo plantado;
tiempo de matar, y tiempo de curar tiempo de destruir, y tiempo de edificar;
tiempo de llorar, y tiempo de reír; tiempo de endechar, y tiempo de bailar;
tiempo de esparcir piedras, y tiempo de juntar piedras;
tiempo de abrazar, y tiempo de abstenerse de abrazar;
tiempo de buscar, y tiempo de perder; tiempo de guardar, y tiempo de
desechar; tiempo de romper, y tiempo de coser; tiempo de callar, y tiempo de
hablar; tiempo de amar, y tiempo de aborrecer;
tiempo de guerra, y tiempo de paz
—Eclesiastés 3:2–8 RVR

Octubre

¿En qué estación de la vida se encuentran ahora mismo? Inviten a Dios a ser parte de los altibajos. Él desea involucrarse en todas las facetas de su vida. Él los ama. Él los creó. Pídanle a Dios que sea parte de su estación hoy. Inclúyanlo y pidan Su guía mientras atraviesan este tiempo y estación.

Octubre

Fecha: _____

Alabanzas a Dios por las oraciones respondidas y las bendiciones:

Arrepentirnos y perdonar:

Pedir la intervención y ayuda de Dios:

Personas por las que orar:

Octubre

Fecha: _____

Alabanzas a Dios por las oraciones respondidas y las bendiciones:

Arrepentirnos y perdonar:

Pedir la intervención y ayuda de Dios:

___

Personas por las que orar:

___

Octubre

Fecha: _____

Alabanzas a Dios por las oraciones respondidas y las bendiciones:

_____

_____

_____

_____

_____

_____

_____

_____

_____

Arrepentirnos y perdonar:

_____

_____

_____

_____

_____

_____

_____

_____

_____

_____

Pedir la intervención y ayuda de Dios:

Personas por las que orar:

Octubre

Fecha: _____

Alabanzas a Dios por las oraciones respondidas y las bendiciones:

_____

_____

_____

_____

_____

_____

_____

_____

_____

Arrepentirnos y perdonar:

_____

_____

_____

_____

_____

_____

_____

_____

_____

Pedir la intervención y ayuda de Dios:

___

Personas por las que orar:

___

El hogar de María, la Madre de Jesús

Ubicado dentro de la Basílica de la Anunciación en Nazaret se encuentra el hogar de María. La iglesia fue construida sobre su hogar y es donde milagrosamente quedó embarazada del Hijo de Dios. Jesús regresó de sus viajes a Nazaret y allí enseñó en la sinagoga. Según el libro de Mateo, el pueblo se ofendió con Él, porque solo era un muchacho lugareño, hijo de un carpintero, y no le creyeron.

Noviembre

Y no hizo muchos milagros allí
por la falta de fe de ellos.
—Mateo 13:58 NVI

Flores de mostaza creciendo cerca de Belén junto a las piscinas de Salomón en el sur y centro de Cisjordania

Milagros

¿Cuántas veces se han puesto obstáculos en su vida porque no creían que Dios podía hacer cosas milagrosas? En Mateo 13:58, Jesús estaba enseñando en Su ciudad natal, y el pueblo se sintió ofendido por Él. Por ello, ¡se perdieron Sus milagros! ¿No odiarían saber que han limitado a Dios para que no haga cosas asombrosas en su vida porque no tienen suficiente fe en Su capacidad para mover montañas por ustedes?

Oren para que Dios les muestre sus milagros y no permitan que la nube oscura de la duda sea un obstáculo en su vida. No sean como los de Nazaret ni se pierdan las bendiciones que Dios quiere darles porque decidieron que Él no puede o no quiere ayudarles.

He experimentado milagros en mi vida. Se los prometo, Él sigue haciendo milagros hoy en día. Los nacimientos de mis dos hijas fueron milagros. Había tenido cuatro abortos espontáneos, así que sé sin duda mis bebés están aquí por el milagro que Dios hizo en mí cuando clamé por su ayuda. Y fue cuando, con fervor y todo mi corazón, entregué mi negocio a Dios que lo vi obrar milagros en formas que mi mente finita nunca hubiera creído posible.

Sigo maravillada y honrada al ver a Dios obrar en mi vida de maneras milagrosas. Abran su vida a Él y dejen que cada día sea una nueva oportunidad para aprender y crecer. Comprométanse de nuevo a tener fe en Dios y crean que Él puede y hará milagros en su vida. Está esperando saber de ustedes.

> Por la poca fe que tienen —les respondió—. Les aseguro que, si tuvieran fe tan pequeña como un grano de mostaza, podrían decirle a esta montaña: "Trasládate de aquí para allá", y se trasladaría. Para ustedes nada sería imposible.
> —Mateo 17:20 NVI

Noviembre

Tómense un momento para agradecer a Dios por los milagros que han experimentado en su vida. ¿Hay áreas de su vida en las que necesitan que Dios los ayude y haga transformaciones? ¿Están listos para soltar las riendas y entregárselas a Dios? Si es así, escriban su pedido de un milagro aquí. Dios dice que, si tenemos la fe de un grano de mostaza, podremos mover montañas con Su ayuda.

Noviembre

Fecha: _____

Alabanzas a Dios por las oraciones respondidas y las bendiciones:

_____

_____

_____

_____

_____

_____

_____

_____

Arrepentirnos y perdonar:

_____

_____

_____

_____

_____

_____

_____

_____

_____

Pedir la intervención y ayuda de Dios:

_____
_____
_____
_____
_____
_____
_____
_____
_____

Personas por las que orar:

_____
_____
_____
_____
_____
_____
_____
_____
_____
_____

Noviembre

Fecha: _____

Alabanzas a Dios por las oraciones respondidas y las bendiciones:

_____

_____

_____

_____

_____

_____

_____

_____

Arrepentirnos y perdonar:

_____

_____

_____

_____

_____

_____

_____

_____

_____

_____

Pedir la intervención y ayuda de Dios:

Personas por las que orar:

Noviembre

Fecha: _____

Alabanzas a Dios por las oraciones respondidas y las bendiciones:

_____

_____

_____

_____

_____

_____

_____

_____

Arrepentirnos y perdonar:

_____

_____

_____

_____

_____

_____

_____

_____

_____

Pedir la intervención y ayuda de Dios:

Personas por las que orar:

Noviembre

Fecha: _____

Alabanzas a Dios por las oraciones respondidas y las bendiciones:

_____

_____

_____

_____

_____

_____

_____

_____

Arrepentirnos y perdonar:

_____

_____

_____

_____

_____

_____

_____

_____

_____

_____

Pedir la intervención y ayuda de Dios:

Personas por las que orar:

Lugar de nacimiento de Jesús
Al descender a la cueva debajo de la Basílica de la Natividad en Belén, es difícil imaginar qué pensaban María y José cuando llegó el momento de dar a luz a Jesús. Ahora hay tanto brillo y encanto ocupando el espacio que desvía la atención del simple nacimiento. Pero puedo apreciar que millones han venido a celebrar este simple evento que cambió el curso de la historia y cumplió la profecía. Alabado sea Dios porque podemos celebrar esta ocasión jubilosa.

Diciembre

Y aconteció que estando ellos allí, se cumplieron los días de su alumbramiento. 7 Y dio a luz a su hijo primogénito, y lo envolvió en pañales, y lo acostó en un pesebre, porque no había lugar para ellos en el mesón.
—Luke 2:6–7 RVR

Pequeña pieza de madera del pesebre de Jesús. Esta reliquia fue devuelta a la Tierra Santa en 2019 desde el Vaticano, 1,400 años después de haber sido enviada al Papa como regalo.

Perdón

La razón de la venida de Jesús a la tierra fue para que pudiéramos ser perdonados de nuestros pecados y vivir en la eternidad junto a Él. Esta cita es de Hechos 10:43: "Todos los profetas dan testimonio de él y de que todo aquel que cree en él recibirá perdón de pecados por su nombre" (NKJV). Es maravilloso saber que nuestros pecados están cubiertos. Que, a través del sacrificio final y la muerte de Jesús en la cruz, estamos salvados. Y si nos arrepentimos de nuestros pecados, seremos perdonados, y el muro entre nosotros y Dios será derribado.

Por otro lado, Dios también dice en Efesios 4:32: "Más bien, sean bondadosos y compasivos unos con otros, y perdónense mutuamente, así como Dios los perdonó a ustedes en Cristo." NVI. Esto significa que, así como Dios perdona, nosotros debemos perdonar a quienes nos lastiman. Esta enseñanza también está en Mateo, cuando Cristo nos enseña cómo orar: "Perdona a nuestros deudores". No existe ninguna laguna que implique que, si la persona te hizo algo realmente malo, entonces no tengas que perdonarla. No, está muy claro: así "como Dios en Cristo los perdonó", debemos perdonar a los demás.

A veces sentimos que la persona que nos lastimó debería disculparse antes de que la perdonemos. Aunque una disculpa puede ser de gran ayuda para sanar, no podemos esperar que eso suceda para perdonar. Sabemos que, demasiado a menudo, es posible que nunca escuchemos esas palabras. El perdón es para nosotros. Cuando perdonamos a otros, comenzamos nuestro propio proceso de sanación. Dios nos honra por seguir Sus enseñanzas, nos da paz y nos ayuda a aliviar el dolor.

> Y perdónanos nuestras deudas, como también
> nosotros perdonamos a nuestros deudores.
> —Mateo 6:12 RVR

Diciembre

¿Hay alguna persona que podría estar esperando que se disculpen? ¿Hay alguna persona a quien necesiten perdonar? Escriban sus nombres abajo y oren para recibir orientación. El hecho de que perdonen a una persona no significa que deba seguir en su vida ni regresar a un lugar donde pueda lastimarlos otra vez. Simplemente significa que siguen adelante y sueltan el dolor.

Diciembre

Fecha: _____

Alabanzas a Dios por las oraciones respondidas y las bendiciones:

_____

_____

_____

_____

_____

_____

_____

_____

Arrepentirnos y perdonar:

_____

_____

_____

_____

_____

_____

_____

_____

_____

Pedir la intervención y ayuda de Dios:

_____
_____
_____
_____
_____
_____
_____
_____
_____

Personas por las que orar:

_____
_____
_____
_____
_____
_____
_____
_____
_____
_____

Diciembre

Fecha: _____

Alabanzas a Dios por las oraciones respondidas y las bendiciones:

_____

_____

_____

_____

_____

_____

_____

_____

_____

Arrepentirnos y perdonar:

_____

_____

_____

_____

_____

_____

_____

_____

_____

_____

Pedir la intervención y ayuda de Dios:

Personas por las que orar:

Diciembre

Fecha: _____

Alabanzas a Dios por las oraciones respondidas y las bendiciones:

_____

_____

_____

_____

_____

_____

_____

_____

Arrepentirnos y perdonar:

_____

_____

_____

_____

_____

_____

_____

_____

_____

Pedir la intervención y ayuda de Dios:

Personas por las que orar:

Diciembre

Fecha: _____

Alabanzas a Dios por las oraciones respondidas y las bendiciones:

_____

_____

_____

_____

_____

_____

_____

_____

_____

Arrepentirnos y perdonar:

_____

_____

_____

_____

_____

_____

_____

_____

_____

_____

Pedir la intervención y ayuda de Dios:

Personas por las que orar:

Lucha espiritual

Someteos, pues, a Dios;
resistid al diablo, y huirá de vosotros.
—Santiago 4:7 RVR

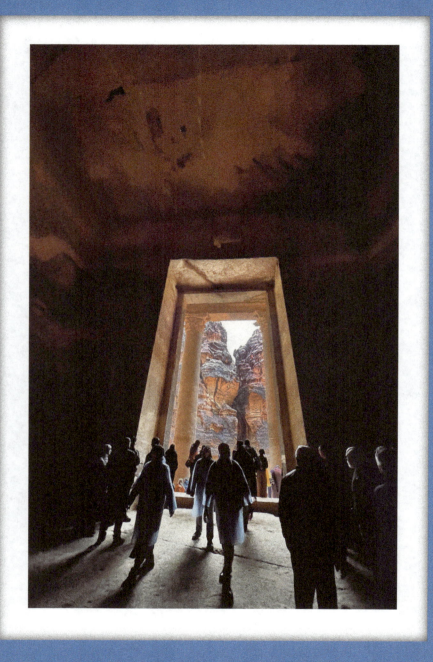

Dentro del Tesoro de Petra, mirando hacia afuera

Poder

Los siguientes son algunos poderosos versículos que pueden consultar cuando sientan que su vida está bajo ataque. Los llamo mis "Escrituras de lucha espiritual". Tómense el tiempo para buscarlos, elevarlos a Dios y memorizar aquellos que tengan un impacto en su vida. Se armarán para la batalla espiritual que se libra a nuestro alrededor, especialmente a medida que nos acercamos más a Dios. Como hijos de Dios, estamos protegidos del enemigo. Nuestra alma y nuestro corazón están seguros en las manos de Dios. Clama, Su Palabra es poder.

Una gran idea es tomar una Escritura por vez, leerla y luego reflexionar sobre ellas. Escríbanla y colóquenla en algún lugar donde la vean a menudo. Algunas ideas pueden incluir publicarla en la pantalla de bloqueo del teléfono, poner una nota adhesiva en el vehículo o pegarla en el refrigerador. Reflexionen sobre ellas, apréndanlas y siéntanlas en su corazón como propias. Estas Escrituras traerán consuelo y sanación.

Oración + Palabra de Dios = Poder

Antiguo Testamento (RVR)
- Deuteronomio 3:22: Dios, Él es el que pelea por vosotros.
- Deuteronomio 28:7: Tus enemigos serán derrotados.
- Josué 1:9: No temas; Dios será contigo.
- Josué 23:10: Dios es quien pelea por vosotros.
- 2 Crónicas 20:15: No es vuestra la guerra, sino de Dios.
- Salmo 18:39: Están ceñidos de fortaleza para la pelea.
- Salmo 44:5: Tus flechas son afiladas.
- Salmos 91:1–4: En Dios confiarás.
- Isaías 40:31: Levantarán el vuelo como las águilas.
- Isaías 54:17: Ningún arma forjada contra ti prosperará.
- Zacarías 4:6: No con la fuerza, ni con el poder, sino solo con el Espíritu de Dios.

> Ustedes, queridos hijos, son de Dios y han vencido a esos falsos profetas,
> porque el que está en ustedes es más poderoso que el que está en el mundo.
> 1 John 4:4 NVI

Nuevo Testamento

- Mateo 16:18: Las puertas del Hades no prevalecerán.
- Mateo 18:18–19: Si dos de ustedes se ponen de acuerdo en la tierra...
- Lucas 10:19: Nada os dañará.
- Juan 8:32: La verdad os hará libres.
- Juan 10:10: Jesús vino para que puedan tener vida.
- Juan 16:33: Jesús ha vencido al mundo.
- Romanos 8:31: Si Dios es por nosotros, ¿quién contra nosotros?
- Romanos 8:37: Somos vencedores por medio de aquel que nos amó.
- Romanos 12:21: Vencemos el mal con el bien.
- 1 Corintios 10:13: Con la tentación, Dios dará la salida para que podáis soportar.
- 1 Corintios 15:57: Tenemos la victoria por medio de nuestro Señor Jesucristo.
- 2 Corintios 10:3-5: Pues aunque andamos en la carne...
- Efesios 6:11–17: Vestíos de toda la armadura de Dios.
- 2 Tesalonicenses 3:3: Fiel es el Señor.
- 1 Timoteo 6:12: Pelea la buena batalla de la fe.
- Santiago 4:7: Resistan al diablo, y él huirá de ustedes.
- 1 Pedro 5:8–9: Vuestro adversario, el diablo, cual león rugiente, anda alrededor.
- 1 Juan 3:8: Jesús deshará las obras del diablo.
- 1 Juan 4:4: El que está en vosotros es mayor que el que está en el mundo.
- Apocalipsis 12:11: Y ellos le han vencido por medio de la sangre del Cordero.

Notas

Notas

Notas

Notas

Notas

Printed in the USA
CPSIA information can be obtained
at www.ICGtesting.com
LVHW010744060923
757302LV00003B/6